사 례 로 본 해 외 사 업 개 발 의 성 공 과 실 패

해 외 사 업
디벨로퍼의 세계

사례로 본 해외사업개발의 성공과 실패

해 외 사 업
디벨로퍼의 세계

임한규 지음

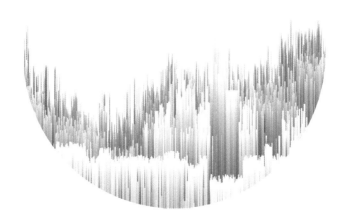

B&Comms

목차

이 책의 저자인 임한규 KIND 본부장은 지난 10년 넘게 나와 함께
다양한 대규모 개발사업을 추진하고 성사시킨 파트너이다. 국내외
여러 곳에서 SK와 한국 건설산업의 발전을 위해 개발사업을 발전
시키려고 함께 노력했다. 저자는 내가 SK건설 사장으로 재직하는
기간 동안에 금융조달과 사업개발 책임임원으로 회사에 많은 공헌
을 했다. 정부 산하 협회들이 추진하는 개발사업 관련 업무와 인재
양성에서도 저자는 많은 노력을 아끼지 않았다. 수십 년간 여러 개
발사업을 추진하면서 얻은 다양한 경험과 지식을 전수하기 위해 현
역에 있으면서도 주경야독하는 마음으로 귀한 시간을 내서 책을 준
비한 저자의 노고에 존경과 감사를 드린다.

저자의 풍부한 지식 및 경험, 그리고 국내외 금융기관 인사들과
의 네트워크 기반에 헌신적인 노력을 더하여 기념비적인 개발사업
들이 여러 개 탄생되었다. 대형 프로젝트들이 개발되고, 건설되고,
기획한 대로 좋은 운영수익을 내는 과정을 거치면서 저자와 함께
성공의 기쁨을 나눈 많은 추억들이 아직도 생생하다.

쓰라린 실패의 경험도 많았다. 시간이 오래 걸리는 개발사업이
시장환경 변화로 중도에서 좌초된 것도 여러 개 있다. 또 어렵사리
개발이 완성되어 시작한 건설이 예기치 못한 중대 사고로 큰 손실
을 본 경우도 있었다. 더 마음 아픈 것은 건설까지도 완벽하게 수행

을 했으나 운영 초기단계에서 예기치 못한 유가 폭등으로 개발운영 SPC가 도산한 경험도 있다. 그 당시 나는 이 안타까운 프로젝트에서 건설사 사장으로 개발부터 참여하였다. 투자도 했고 EPC도 성공적으로 수행했다. 건설을 마무리하고 시운전 초기단계까지는 SPC의 이사회 의장으로 있었다. 그때 유가 폭등의 직격탄을 맞았다. 평생 잊지 못할 아쉬운 기억으로 남아 있다.

이 책을 읽다 보니 그런 SK건설의 개발사업의 경험들이 많이 소개되어 있어서 개인적으로도 감회가 깊었다. 저자는 성공 사례들뿐 아니라 실패 사례도 담담히 기술해놓았다. 후배들에게 소중한 지식과 경험을 하나라도 더 많이 전달하려고 애쓴 노력의 흔적이 엿보인다. 이러한 방대한 지식과 경험을 잘 정리하고 기록한 것이 대견하다. 그리고 평생 건설업에 종사한 건설인으로 감사하기도 하다.

저자는 나와 SK건설에서 동역하기 전에는 제조업체인 SK케미칼에서 인도네시아와 폴란드의 공장개발사업을 담당했다. 2년 반 전부터는 정부가 해외 투자개발사업을 전문으로 추진하기 위해 설립한 한국해외인프라도시개발지원공사KIND의 사업개발본부장으로 일하고 있다. 여러 국내 기업들과 협력하며 한국 건설산업 발전을 위한 새롭고 좋은 경험과 지식을 더해가고 있다. 또한 다양한 실무경험을 토대로 공장의 오너/오퍼레이터, EPC 건설회사, 그리고 정부의 개발사업 지원기관 등 다양한 관점에서 개발사업에 대한 전반적인 소개와 지식을 전달하고 있다.

개발사업에서 첫 번째로 중요한 성공요인은 시작단계에서의 기획력이다. 여러 분야의 이해당사자들을 모으고, 협력구조를 만들고, 창의적이고 효율적인 금융조달을 하는 것들이 중요한 필요조건이다. 그러나 성공의 충분조건이 받쳐주어야 한다. 다름 아닌 실행력이다. 설계, 건설 단계뿐 아니라 운영 단계에서의 실행력도 개발사업에 없어서는 안 될 필수적인 충분조건들이다. 초기 기획 단계부터 설계, 시공, 운영까지 전체 프로젝트 라이프사이클을 거치면서 다양한 역량을 제공할 관련 회사들과 정부기관들이 한 팀이 되어 협력해야 한다. 그러기 위해 개발사업에 참여할 회사들을 모아서 협력 구도를 만드는 게 중요하다.

저자는 전체 프로젝트 라이프사이클 관점에서 다양한 개발사업 참여자를 선정하고 팀워크를 만드는 경험을 많이 했다. 국내외 건설사들은 물론이고 운영회사, 정부기관 및 금융기관들과 오랜 협력 경험이 풍부하다. 주도한 개발사업들도 다양하다. 전통적인 도로와 교량, 터널 같은 SOC PPP 사업, 수력 및 화력 발전 IPP 사업뿐 아니라, 정유·유화 및 섬유 플랜트 등의 개발, 건설 및 운영 사업들이 포함된다.

나는 13년 전 SK건설 합류 전에 미국에 30년을 살면서 25년간 벡텔Bechtel에서 근무했다. 벡텔의 프로젝트 매니지먼트는 자타가 인정하는 차별화된 핵심역량이다. 인재양성을 위한 기업문화와 시스템도 탁월하다. 그런데 그 회사가 PM 역량을 가장 잘 적용하는 분야가 프로젝트 디벨롭먼트Project Development, 즉 개발형 사업이다. 건설업에서 가장 고부가가치 영역이다. 수익성과 지속성을 도모하기에 가장 중요한 분야로서 벡텔이 수대를 이어가며 다양한 모습으로 회사를 발전시키는 분야이기도 하다.

30년간의 미국 생활을 마치고 한국에 돌아와 그간 배운 것들을 후배들에게 전수하고 인재를 양성하기 위해 노력했다. 그러면서 한국 건설업계가 축적한 지식과 경험을 체계적으로 정리하고 후대에 잘 전달하지 못하는 것을 안타깝게 생각했다. 많은 후배들에게 자신이 업무를 하며 얻은 귀한 자산들을 암묵지暗默知가 아닌 문서나 기록을 통한 형식지形式知로 만들기 위해 책자로 남겨보라는 권유를 하곤 했었다. 그런 가운데 이 책은 우리 건설의 미래를 위해 가장 중요한 '해외개발사업'에 대한 내용을 집대성하려는 노력의 산물이라 더욱 의미가 있어 보인다.

SK건설의 사장으로 10여 년 동안 재직하면서 다른 경쟁사보다는 적극적으로 해외개발사업을 추진했다. 몇몇 사업에서 성공도 해보고 그보다 많은 프로젝트들이 처음의 기대와는 달리 물거품처럼 사라지는 경험도 하면서 제대로 된 사업개발의 방법론이나 일을 추진할 만한 핵심인재의 부족을 실감하면서 자책감이 들었다.

건설사들이 해외사업에서 수익성을 확보하면서 성장하려면 설계 및 시공만으로는 이미 한계에 와 있는 것은 모두가 공감하는 바이다. 앞으로는 한국 건설회사가 다양한 네트워크와 협력을 통해 사업개발 주체로서 복잡한 사업의 기획, 건설 및 운영을 포함하는 전 과정을 책임지고 수행해야 한다. 새로운 비즈니스모델을 통해 경쟁의 구도를 바꾸고 수익원을 다각화하는 한 차원 높은 전략을 구사해야 한다.

그러한 관점에서 이번 책은 개발사업과 관련된 다양한 참여기관들과 그 구성원들에게 좋은 참고자료가 될 것이다. 편하게 해외사업개발에 대한 개요와 추진방법 등을 이해하고 성공사례들의 간접 경험과 과거에 대한 반성을 통해 새로운 방향을 같이 고민해볼 수 있는 좋은 계기를 마련해줄 것이다. 이 책에 담겨 있는 저자의 귀한 경험들이 해외개발사업을 추진할 많은 기업들과 그 구성원들에게 골고루 잘 전달되어 가까운 미래에 우리 기업들에 의한 더 많은 해외사업개발의 성공이 이루어졌으면 하는 희망이다.

그리고 앞으로 많은 후배들이 이 책을 통해서 개발사업 분야에 더 많은 관심을 가지게 되고, 저자 같은 글로벌 전문가로 자라나기를 희망해본다.

이 책을 만드느라 많은 수고를 하신 저자에게 다시 한번 감사와 경의를 표한다.

2021년 새해 아침에

최광철

(前 SK건설 사장, 前 한국플랜트산업협회장)

Reflections of My Life

나는 약 30여 년간의 직장생활을 통해 쉼 없이 세 곳의 회사에서 일할 수 있는 기회를 가졌다. 한 가지 재미있는 사실은 세 회사의 업종이 매우 상이한 것들이었음에도 나는 계속해서 해외 투자개발사업 업무를 담당했다는 것이다. 그 세 업종이 제조업, 건설업, 투자개발업이라는 점에서 남들에게서는 쉽게 볼 수 없는 특이한 이력이라 여겨질 것이다. 어쨌든 나에게는 행운이고 영광이었다고 생각된다.

내 첫 회사는 선경합섬(현 SK케미칼)이었는데 1960년대에 설립된 우리나라의 대표적인 섬유제조 회사였고 SK그룹의 모태라 할 수 있는 곳이다. 폴리에스터 시장에서 독과점 플레이어의 하나로 국내 직물·방적업계에 원재료를 공급하던 회사였다. 그러나 80년대 말 90년대 초 들어와 인건비 등 지속적인 원가 상승과 중국 등 후발개도국의 성장과 추격에 대응하여 해외생산, 해외판매의 새로운 전략을 실행하게 되었고 그 첫 번째 사업이 인도네시아 폴리에스터 원사공장 건설사업이었다.

당시 국제금융과에 근무하던 나는 해외 투자자금의 조달을 위해 자본시장이 개방되기 이전이었던 당시로는 1년에 한두 기업만 혜택을 받을 수 있었던 해외전환사채를 발행하는 팀원으로 사업에 참여하게 되었다. 해외 금융기관의 관심을 받으면서 시장에서 우리 주식의 가치를 제대로 평가받기 위해서 채권발행의 목적사업인 인도네시아 프로젝트에 대한 홍보를 포함한 회사 실사와 IR^{Investor} Relation, 투자자 대상 기업홍보이 내 주된 업무였다.

1년 정도의 준비와 실행을 통해 채권발행에 성공할 수 있었고 그때의 인연으로 그다음에는 인도네시아 프로젝트 추진팀의 일원이 되어 회사에서 최초로 인도네시아로 파견되었다. 현지에서 약 1년 동안 파트너와의 합작계약, 현지정부 인허가, 토지매입 및 법인설립 등 사업개발의 주요 업무를 담당했다. 지금 생각해보면 체계적이고 기본적인 지식과 경험도 없이 회사나 본인 스스로나 무슨 용기로 그 일들을 했는지 돌아볼 때마다 아찔한 느낌이 들지만, 그때는 20대의 패기로 겁 없이 그 업무들을 수행했던 것 같다.

5년간의 현지법인 근무 후 본사에 복귀해서는 1997년 아시아 금융위기의 어려움을 겪으면서 값비싼 많은 경험을 하였다. 어느 정도 안정 후 2000년대 들어와 금융팀장으로 폴란드 PET 칩 생산법인을 만드는 두 번째 해외개발사업 프로젝트에 참여하게 되었고, 인도네시아에서 아쉬웠던 기억들을 반영하여 체계적이고 안정적인 해외사업을 구상하게 되었다. 그 대표적인 아이디어가 프로젝트 파이낸스PF: Project Finance, 프로젝트금융를 통해 모기업의 리스크를 제한하고 MDBMultilateral Development Bank, 다자간개발은행를 통해 엄격하고 객관적인 평가를 하여 사업을 추진하자는 것이었다. SK그룹 입장으로도 첫 번째 유럽지역 사업, 첫 번째 PF 사업, 그것도 EBRDEuropean Bank for Reconstruction and Development, 유럽개발부흥은행를 금융주간사로 하는 사업이었다. 역시 PF에 대한 제대로 된 지식과 준비가 없었던 상황에서 또 한 번 새로운 해외개발사업을 성사시키는 행운을 경험했다.

그다음 직장은 SK건설이었다. SK건설은 1990년대 말 멕시코 대형 정유공장 프로젝트를 수행하며 큰 적자를 보고 많은 시행착오를 경험했으나 이를 기반으로 쿠웨이트와 태국에서 연이은 성공으로 수익성이 개선되고 사세가 지속성장하고 있던 시기였다. 그러한 상황에서 회사는 한 단계 더 도약을 위해 "토털 솔루션 프로바이더 Total Solution Provider"라는 새로운 전략을 통해 단순 시공만이 아닌 고객이 원하는 모든 가치를 제공하겠다는 원대한 전략을 수립했고 투자개발사업까지 참여하겠다는 의지를 천명했다.

'토털 솔루션 프로바이더'로서의 도약을 위해 회사가 준비했던 것 중의 하나가 프로젝트 파이낸스 팀을 신설하는 것이었고 그룹에서 유일하게 제대로 된 해외 PF 사업을 추진해봤다는 점이 고려되어 SK건설로 이직하게 되었다. 금융권과 국내 여러 대기업에서 해외사업 또는 PF 업무를 수행하던 인력들을 모아서 팀을 꾸리고 1년만에 PF실로 격상되는 영광도 누렸다. 당시에는 주로 국내 부동산 프로젝트 파이낸스에 대한 사후관리로 큰 업무부담을 가졌지만 하나씩 해외개발사업의 기회를 포착하여 프로젝트 파이낸스를 통해 사업을 성사시키는 작업이 시작되었다.

짧게는 3년, 길게는 10년 가까운 사업개발을 통해 2011년부터 매년 한 건씩 프로젝트 개발의 1차 완성인 금융종결이 이뤄졌다. 싱가포르의 주롱 아로마틱스 콤플렉스, 터키 유라시아 해저터널, 라오스의 세피안-세남노이 수력발전 등이 그 구체적인 사례이다.

당시 회사에는 전문적으로 해외사업개발을 하는 별도의 조직이 없었고 각 상품별로 해외마케팅을 하는 조직에서 단순 시공형 프로젝트부터 투자개발형 사업까지 모두 담당하고, 투자개발형 사업이 발굴되면 전사에서 매트릭스 형태의 태스크포스 팀을 만들어 사업을 추진하곤 했다. 그러다 보니 3~4년씩 사업개발이 진행되면 초기 마케팅을 담당했던 인력들은 다 어디로 가고 PF팀과 법무팀만이 남아서 사업파트너, 상대국 정부, 대주단들과 함께 사업의 주요한 의사결정을 해야 하는 경우가 많았다. 물론 해외사업개발의 주요 의사결정은 CEO를 중심으로 매니지먼트가 판단해야 하는 경우가 대부분이긴 했다. 어쨌든 이러한 배경에서 해외사업개발을 전문으로 하는 조직이 신설되었고 그곳의 첫 번째 담당 임원으로 자리를 옮기게 되었다.

본격적인 해외사업개발의 업무를 맡았지만 적합한 사업을 찾아 개발하는 작업은 쉬운 일이 아니었다. 우간다 정유공장, 터키 석탄화력발전, 파나마 복합화력발전, 인도네시아 석유화학 콤플렉스 등의 사업이 수년간 많은 자금과 인력을 투입하고도 마지막 고비를 넘지 못해 사업을 성사시키지 못했다. 우리가 아무리 기술과 자금

그리고 사업의지를 갖고 있더라도 사업 상대방 국가나 파트너가 사업의 본격적인 추진을 위한 충분한 여건을 갖추지 못한 경우가 많았고, 건설업과는 확연히 다른 목적사업의 속성을 잘 파악하지 못해 사업개발을 제대로 리드하지 못한 적도 많았다. 가장 근본적인 것은 세계시장에서 일류 디벨로퍼들과 경쟁할 수 있는 사업개발의 전문성과 자본조달능력에 대한 한계가 있었다고 생각된다. 아직 제대로 된 실력을 갖추지 못했었기 때문이다.

그러한 반성과 고민을 하던 중 정부 차원에서 한국해외인프라도시개발지원공사KIND: Korea Overseas Infrastructure & Urban Development Corporation가 설립되었고, 설립 구성원 선발에 응모하여 내 세 번째 회사의 창설 멤버가 될 수 있었다. KIND는 해외건설촉진법상의 기관으로 국내 건설의 해외진출을 촉진하기 위해 해외개발사업을 중심으로 해외투자를 지원하는 기관이다. 국내 건설사들의 고민이었던 해외사업개발을 위해 필요한 각종 전문성의 제공과 함께 직접 사업의 지분투자를 포함한 재무적 여력을 지원하는 기관으로서 그동안 업계에서 고민하던 문제들을 한 번에 해결해줄 수 있는 여건을 마련한 것이다.

지난 2년 남짓한 시간 동안 한편으로는 회사의 기반을 갖추기 위해 인력을 확보하고 각종 규정과 제도를 만들면서 약 10개 정도의 해외개발사업에 대한 투자의사결정을 마쳤으며 수면 아래에서 많은 프로젝트들의 사업개발이 이뤄지고 있다. 아직 인력, 재원, 실적 등 모든 것이 충분히 갖춰져 있지 않지만 KIND는 우리나라 건설기업들의 새로운 사업방향을 제시하고 이를 가능케 할 동반자로서의 가능성을 보여주고 있다고 생각한다.

    여기까지 장황하게 내 직장생활 경험을 나열해봤는데 그 이유는 내 역사가 우리 기업들과 그 안에서 해외사업을 추진하고 있는 동료, 후배들에게 시사하는 바가 있다고 생각하기 때문이다. 그 첫 번째는 해외사업개발에 참여하는 주체에 대한 것이다.

    앞에서도 언급한 것처럼 나는 세 곳의 회사에서 각각 다른 관점에서 해외사업개발에 참여했다. 제조업의 해외사업개발은 매우 신중하고 철저한 준비를 기반으로 진행된다. 그러나 일단 투자의사결정을 마치면 강한 추진력을 갖고 사업이 진행된다. 사업의 속성에 대한 충분한 이해를 기반으로 절대적인 의결권과 건설 후 운영에 대한 확실한 책임을 기본으로 투자를 하기 때문이다. 제조업이 아닌 인프라, 유틸리티 기업들도 비슷한 투자경향을 갖고 있다. 한국전력 등 발전 공기업들과 한국수자원공사 등을 그 예로 들 수 있다. 반면 건설업은 첫 번째 목적이 시공 일감을 확보하는 것으로 많은 프로젝트를 대상으로 기회를 모색하지만 여러 여건상 사업개발 목적사업의 주체로 참여하기가 쉽지 않다. 그러다 보니 사업개발의 소액주주로서 사업개발을 주도하기 어렵고 자신의 사업참여 목적을 제대로 실현하기 어렵다. 스스로 주도하지 못하는 사업이다 보니 파트너들과의 이해상충에 대한 주요 의사결정, 일정관리 등에서 수동적일 수밖에 없으며 실적 공유, 내부역량 강화 등의 여러 기대효과의 실현도 만족스럽지 못한 경우가 대부분이다.

    이러한 건설사들의 어려움을 지원하기 위한 KIND는 설립 후

2년 동안 많은 노력을 통해 그 설립정신을 실천해가고 있으나 아직도 추가적인 노력과 정부 차원의 전폭적인 지원 확대를 통해 그 기능과 역량을 강화해야 할 것이다.

두 번째로 언급하고 싶은 사항은 해외 투자개발사업에서의 금융조달에 대한 변화이다. 1990년대 초만 하더라도 프로젝트 파이낸스에 대한 이해와 시장의 발전이 미약했기 때문에 대부분의 기업들이 기업금융CF: Corporate Finance에 의존하여 해외 투자자금을 조달했었다. 그러다 보니 자금부담도 많았고 해외사업의 실패가 본사의 운명을 좌우하는 경우도 많이 있었다. SK케미칼의 경우에는 인도네시아 프로젝트를 위해 해외에서 전환사채를 발행하여 투자자금을 조달하였으며 부족한 자금은 국제금융시장에서 모기업의 지급보증을 통한 신디케이티드 론Syndicated Loan, 협조융자을 통해 조달하였다. 그 결과 인도네시아 사업이 어려워지면서 본사에 장기적인 어려움을 야기하기도 했다.

10년의 차이를 두고 추진한 폴란드 프로젝트에서는 사업 초기부터 프로젝트 파이낸스를 통한 사업추진을 기본전제로 하여 진행하였다. 프로젝트 파이낸스는 본사의 부담을 자본금 납입과 최소 필요한 지원으로 한정한다는 점에서 해외투자를 위한 좋은 방법이지만 금융종결까지 시간과 비용이 많이 드는 어려움이 있다. PF 금융기관들의 매우 보수적인 실사와 심사를 통해 사업의 미래수익성을 객관적으로 검증받는다는 장점이 있으며 사업개발 역량 제고와 후속 사업 추진을 위한 좋은 경험이 된다. SK케미칼이 폴란드 프로젝트를 추진하던 시기에 마침 수출입은행 등 한국 ECAExport Credit

Agency, 수출신용기관가 국제 PF 시장에 본격적으로 참여하기 시작했으며 SK건설이 여러 프로젝트를 동시에 추진하던 시기에는 국내 ECA들이 주도적으로 시장에 참여하여 여러 MDB, ECA들과 호흡을 맞춰 금융지원을 할 수 있었다는 점은 주목할 만한 일이다.

국내 ECA를 중심으로 해외 PF 시장의 여건이 개선되었음에도 불구하고 건설사의 입장에서 해외사업 추진을 하는 경우 자기자본의 조달은 영원한 숙제였다. 많은 건설사들이 해외개발사업의 조건으로 EPC Engineering·Procurement·Construction, 설계·조달·시공 수익 이내의 지분투자라는 내부원칙을 갖고 있는데 이를 준수할 경우 해외사업의 추진이 쉽지 않았기 때문이다. 이러한 상황에서 KIND의 설립으로 건설기업들의 해외사업에서의 가장 큰 문제였던 자기자본을 해결할 수 있는 좋은 파트너가 생긴 것이다. 해외개발사업에 지분투자를 본업으로 하는 첫 번째 공공기관으로서 KIND에 대한 업계의 큰 기대에 부응하기 위해 KIND는 투자기법, 리스크관리, 펀드 등을 활용한 동반투자 등의 추가적인 역량 확보를 위한 노력이 필요한 시점이다.

사업개발에 필요한 사업발굴 능력, 사업타당성 확인, 협상, 계약, 금융주선 등 각종 전문성 분야도 과거에 비해 지속적으로 발전하고 있으나 아직 아쉬운 부분이 많고, KIND의 전문 역량이 강화되어 우리 기업의 해외 진출에 실질적인 도움을 주려면 아직 가야 할 길이 먼 상황이다.

지난 20~30년간 해외사업에 대한 국내 주체들과 이를 실현하기 위한 각종 금융이 빠르게 변화, 발전하고 있다. 또한 투자개발사업에 대한 시장의 수요도 증가하고 있지만, 다른 국가 기업들과의 경쟁도 치열해지고 있다. 새로운 각오로 해외사업개발에 대한 반성과 함께 체계적인 학습과 실행으로 역량을 강화해야만 해외시장에서 승리하고 좋은 사업과 일거리들을 차지할 수 있을 것이다.

지금까지 나는 과분할 정도로 많은 사업개발의 기회와 경험을 누릴 수 있었다. 꽤 여러 프로젝트를 성사시켰지만 한편으로는 그보다 훨씬 많은 실패의 기억이 있다. '왜 그렇게 할 수밖에 없었을까?' 또는 '지금 다시 한다면 더 잘할 수 있을까?' 하는 후회와 미련이 많이 남아 있다. 이 책은 이러한 관점에서 해외사업개발에 대해 내가 경험하며 고민하고 배웠던 내용들과 또 다른 좋은 사례들을 종합하여 앞으로 해외사업개발 시장에서 활약할 동료, 후배들에게 도움이 될 만한 이론적이고 실제적인 내용을 전달하고자 하였다. 사업개발을 위한 교과서라기보다 시대를 조금 앞선 여러 경험을 통해 쌓은 개인적인 지식과 자료들을 정리한 조언 정도이지만, 독자 입장에서는 타산지석으로 잘 활용해주었으면 하는 생각이다.

2021년 1월

임한규

I

해외개발사업이란 무엇인가

01
해외개발사업을
둘러싼 환경

전시회의 그림들(Pictures in Exhibition)

한국 건설기업들의 해외건설 수주는 2005년 100억 달러를 넘어서며 70~80년대 1차 중동붐에 이은 재도약기가 시작되었다. 이후 쿠웨이트, UAE, 사우디아라비아 및 카타르 등에서 대형 화공 프로젝트 수주에 따른 2차 중동붐과 UAE 원전 수주 등으로 2010년에는 716억 달러의 최고기록을 달성하였고 2014년까지 연 약 600억 달러 수준의 해외건설 수주를 유지하며 조선·전자 산업과 비등한 수준의 해외수출을 달성하였다. 2015년 이후에는 급속히 하락하여 연 200~300억 달러 수준의 침체를 벗어나지 못하고 있다.

이러한 한국 기업들의 해외 수주 하락의 원인으로는 여러 가지가 동시에 제기된다. 첫째로 시장수요 측면에서 저유가와 동반한

표 1 _ 한국 기업의 해외건설 수주금액 추이

(단위: 억 달러)

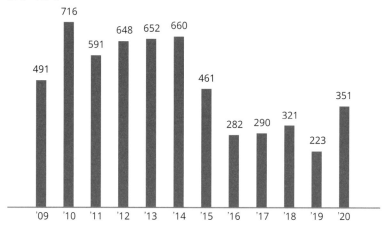

※ Source: 해외건설종합정보서비스

국제건설시장의 침체로 시장의 수요가 크게 감소했다는 점이며, 둘째로 한국 기업들의 인건비·경비 등 고비용 구조로 후발 경쟁국 대비 가격경쟁력이 약해졌다는 것이다. 최근 국제 건설시장에서 두각을 나타내고 있는 스페인, 터키, 중국, 인도 등과 비교한 분석이다.

셋째로는 중동을 중심으로 대형 프로젝트의 실행에서 큰 손실을 보고 어닝 쇼크Earning Shock를 유발했던 대형건설사들의 리스크관리가 강화되어 과거보다는 더 보수적인 관점에서 해외 프로젝트 입찰에 참여했기 때문이라는 의견도 많다. 또한 국내 주택·건축 경기의 호황으로 대형건설사들이 리스크가 많은 해외건설보다는 비교적 예측가능하고 투자회수가 빠른 국내 주택 프로젝트에 집중했던 것도 무시하기 어려운 한 요인으로 판단된다.

한편 공정별로 보면 보통 플랜트라고 하는 산업설비가 2010년 초의 수주 피크 시점이나 지금이나 비슷하게 해외 수주의 60% 전후를 차지하고 있고, 건축과 토목 부문이 각각 15~20% 정도의 유사한 수준을 유지하고 있는 실정이다. 참고로 60년대부터 80년대까지는 건축이 50%, 토목이 30% 정도를 차지했고 90년대에 건축·토목·산업설비가 약 3분의 1씩 황금분할을 이루었으나 90년대 말 이후 산업설비의 비중이 지속 성장하여왔다.

해외건설 시장을 지역별로 분석해보면 60~70년대 해외건설의 90% 이상을 차지하며 주력시장이었던 중동시장 의존도가 점차 줄

표 2 _ 해외건설 공종별 계약 현황

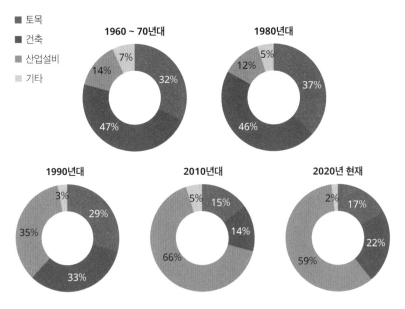

※ Source: 해외건설종합정보서비스

표 3 _ 해외건설 지역별 계약 현황

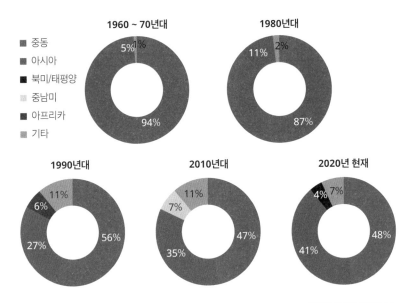

- 중동
- 아시아
- 북미/태평양
- 중남미
- 아프리카
- 기타

1960 ~ 70년대
5% 1%
94%

1980년대
11% 2%
87%

1990년대
11%
6%
27% 56%

2010년대
11%
7%
35% 47%

2020년 현재
4% 7%
41% 48%

※ Source: 해외건설종합정보서비스

어들어 최근에는 50% 미만으로 축소되었다. 한편 정부의 신남방정책과 걸맞게 아세안ASEAN 국가들을 중심으로 아시아 지역이 40% 이상으로 확대되었고 미주, 유럽, 아프리카 등의 비중은 아직도 낮은 편이다. 저유가의 지속으로 중동시장의 플랜트건설 수요가 축소된 데다 이탈리아, 스페인, 터키, 중국, 인도 등과 중동시장에서의 치열한 경쟁에서 한국 기업들이 더 이상 우위를 차지하기 어려워진 까닭이라 판단된다.

변화의 바람(Wind of Change)

한국 기업의 해외건설 수주 하락에 대한 또 다른 분석으로, 해외건설 시장이 PPP^{Public Private Partnership, 민관협력사업} 등의 투자개발형 사업을 중심으로 하여 재편되고 있는데 한국 기업들이 이에 능동적으로 대응하지 못했다는 주장이 큰 설득력을 얻고 있다.

전 세계적으로 교통, 통신, 물류, 에너지 관련 양질의 인프라 확대가 필요한 가운데 각 국가들이 감당할 수 있는 재정의 규모에 한계가 있어 PPP 형태의 투자개발사업에 대한 수요가 점차 증가하고 있는 추세이다. 투자개발형 사업은 재정자금의 충분한 투입 없이도 시공자의 금융 제공이나 향후 수익자부담을 담보로 목적물의 건설, 시설운용, 유지보수, 자금조달 등을 포함한 전 영역을 통합한 발주

표 4 _ 연도별 투자개발형 건설사업 수주 동향

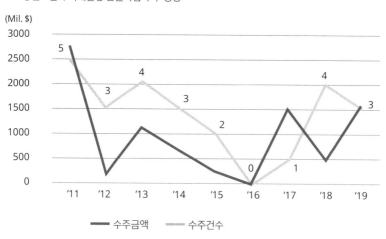

※ Source: 해외건설종합정보서비스

가 가능하므로 사업의 추진과 관리가 용이하다는 장점이 있다. 따라서 인프라의 확충은 시급하나 재정과 사업추진 역량이 취약한 저개발국가들을 중심으로 PPP 형태의 투자개발형 사업이 크게 각광을 받고 있다.

이렇게 투자개발형 건설사업 시장이 성장하고 있는 세계적인 추세와는 달리 우리 기업들의 해외건설사업은 대부분 도급형 사업에 머물러 있다. 해외건설협회 자료에 따르면 2011년부터 2019년까지 9년간 우리 기업의 해외건설 수주액 중 투자개발형 사업은 3% 수준에 불과하다. 이제는 우리 해외건설산업이 도급사업에만 머물러서는 미래가 없다. 1인당 국민소득 3만 달러 수준으로 선진국 대열에 진입한 한국이 과거 70~80년대식 노동집약적 해외도급사업으로는 시장확장이 불가능하다. 따라서 투자개발형 사업으로 확장해나가야 한다.

그러나 투자개발형 사업으로의 전환은 많은 건설사들의 구호에만 그칠 뿐 실제로 가시적인 성과로 연결되어 그 목적사업에 성공한 사례는 매우 희박한 형편이다.

지금까지의 시행착오를 타개하고 본격적인 해외개발사업의 시대를 열기 위해서는 지금껏 해왔던 방식이 아닌 체계적이고 전문성을 갖춘 전략과 실행력이 필요하다. 이 책에서는 이러한 해외건설 시장에서의 투자개발사업 추진 역량을 확보하기 위해 해외개발사업에 대해 전반적으로 이해할 수 있는 이론과 실행에 대한 부분을 기본으로, 그동안 우리 기업들의 해외 투자개발형 사업의 성공과 실패 사례 연구를 통한 반성과 함께 앞으로의 방향을 제시해보고자 한다.

표 5 _ 최근 연도별 투자개발사업 관련 수주 내역

*단위: Mil. $

연도	사업명	(국내)사업주	금액
2020	네팔 UT-1 수력발전	남동발전, KIND	393
	베트남 흥옌 산업단지	LH공사, KIND	77
	카자흐 알마티순환도로 운영사업	도로공사	76
2019	폴란드 폴리체 PDH/PP 플랜트	현대ENG, KIND	1,115
	솔로몬 티나강 수력발전사업	수자원공사, 현대ENG	201
	영국 런던 실버타운 터널 프로젝트	SK건설	244
2018	카자흐 알마티순환도로 투자사업	SK건설	180
	터키 가지안텝병원 프로젝트	삼성물산	163
2017	터키 차나칼레고속도로 사업	대림산업, SK건설	1,434
2015	몽골 일성 TRUE-L아파트 신축공사	일성건설	53
	카자흐 하이빌파크1 주거복합단지	동일토건	178
2014	칠레 켈라 복합화력 프로젝트	삼성물산, 남부발전	441
	미얀마 양곤호텔(아마라호텔) 개발사업	포스코건설	150
2013	라오스 세피안-세남노이 수력발전댐사업	SK건설	680
	유라시아 해저터널 프로젝트	SK건설	390
2012	베트남 북안카잉 신도시	포스코건설	161
2011	사우디 쿠라야 민자발전 프로젝트	삼성물산	2,118
	베트남 스타레이크 개발사업	대우건설	100
	카자흐 하이빌아스타나 복합단지	동일토건	183

참고로 월드뱅크의 자료에 의하면 2019년 전 세계의 PPP 프로젝트는 409건으로, 지난 10년간 400~500건의 프로젝트가 진행되고 있다. 매년 PPP로 발주되는 프로젝트의 총금액은 900~1000억 달러 수준에 이른다. 인도와 중국의 프로젝트들이 큰 비중을 차지하고 있어 전체적인 추세를 파악하는 데 어려움이 있으나 개도국을 중심으로 PPP 사업은 지속적인 증가가 예상된다.

표 6 _ 세계 PPP 프로젝트 추이

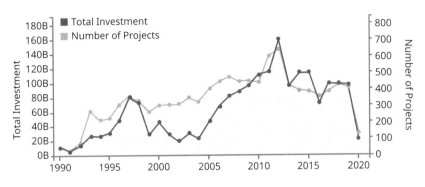

※ Source: World Bank PPI(Private Participation in Infrastructure) data(2020년 9월 기준)

주요국 해외개발사업 지원 현황

점증하는 각국의 **PPP** 사업 수요에 따른 해외개발사업에 대한 기대는 우리나라뿐 아니라 다른 주요 경제강국에서도 나타나고 있다. 특히 세계경제의 3강인 미국, 중국, 일본이 모두 대규모 금융지원을 포함한 국가정책으로 해외개발사업 지원 방안을 마련하고 있다.

　미국 정부는 2019년 말 기존 민간부문의 해외개발사업 진출을 지원하던 해외민간투자공사OPIC: Overseas Private Investment Corporation와 개발신용기구DCA: Development Credit Authority를 합병하여 미국국제개발금융공사USIDFC: United States International Development Finance Corporation를 발족시켰다. 이는 대외개발사업에 대한 지원수단을 통합한 것으로 개발도상국에 대한 전통적인 정부지원을 보완하여 민간투자를 통한 투자를 강화하겠다는 의지이다. 총재원을 기존 **OPIC**의 두 배인

600억 달러로 대규모 증액하는 등 미국 정부의 의지를 보여주고 있다. USIDFC는 대외개발사업에 대해 지분참여, 대출, 지급보증 등 모든 금융수단을 지원할 뿐 아니라 타당성조사F/S: Feasibility Study 및 기술 지원까지 제공하는 포괄적인 프로그램을 갖고 있다.

이러한 미국의 움직임은 중국의 일대일로사업에 대응한 것으로 새로운 인도-태평양 전략의 일환이다. 미국의 금융파워를 중심으로 한국, 일본, 인도 및 아세안 국가 등과 협력하여 해외사업의 공동참여를 모색하고 있다.

일본은 이미 오래전인 1999년에 일본수출입은행Japan Exim Bank과 일본 해외협력기금OECF: Overseas Economic Cooperation Fund을 통합하여 일본국제협력은행JBIC: Japanese Bank for International Cooperation을 발족시켰다. OECD 기준에 따른 수출지원금융ECA Financing에 ODAOfficial Development Assistance, 공적개발원조를 결합하고 수출이 아닌 일본 기업의 해외투자에 지원하는 언타이드Untied 해외사업금융까지 제공하는 원스톱 해외사업 지원 금융체계를 마련한 바 있다.

2014년에는 교통인프라, 도시개발 등의 해외개발사업에 투자·지원하는 JOINJapan Overseas Infrastructure Investment Corporation for Transport & Urban Development, 일본 해외교통·도시개발사업 지원기구을 설립하였다. JOIN은 국토교통성을 중심으로 하여 일본 금융기관, 종합상사들이 프로젝트별로 팀을 이루어 사업을 추진하고 있다. JOIN은 인도네시아, 미얀마 등 아세안 국가들을 중심으로 2020년 10월 말 현재 26개 프로젝트에 약 11억 달러의 투자 실적을 기록하고 있다.

최근에는 JOIN과 JBIC이 협력하여 2500억 엔의 스마트시티 펀드를 조성하여 베트남, 인도네시아 등 동남아 도시개발 프로젝트에 집중투자하고 있다.

중국은 2013년 이후 소위 일대일로사업One belt, One Road Initiative을 추진하고 있다. 일대일로사업은 흔히 신新실크로드사업이라고도 하는 시진핑 정부의 외교전략으로, 아시아/태평양, 아프리카, 동/중유럽을 연결하는 중국 중심의 글로벌 네트워크를 수립하는 작업이다. 이를 위해 약 400억 달러의 실크로드펀드를 조성하였으며 주요 중국계 은행 및 AIIBAsian Infrastructure Investment Bank, 아시아인프라투자은행 등과 협력하여 대상국의 도로, 철도, 항만 등 주요 인프라 개발사업을 지원하고 있다.

중국 정부는 일대일로 전략을 통해 해당 지역에 중국의 영향력을 강화하고 있는데, 당장의 지원보다는 중국 건설사들이 독점하고 있는 공사의 낮은 품질, 로컬콘텐츠의 활용 부족 및 중국 자본에 의한 예속 등 여러 부작용으로 피투자국들의 불만을 야기하고 있다.

금융 측면에서도 국가개발은행CDB: China Development Bank을 중심으로 중국진출구은행The Export-Import Bank of China과 시노슈어Sino-Sure, 중국수출보험공사의 3각 편대로 해외사업에 대한 수요자금융Buyer's Credit 과 투자금융Investment Credit을 병행하여 지원하고 있다. 중국이 아직 OECD에 가입하지 않았다는 이유로 OECD 기준을 뛰어넘는 조건을 제공하는 경우도 있다고 한다.

02

해외개발사업이란?

해외개발사업의 정의

개발사업에 대한 사전적인 의미는 그 배경에 따라 다양하게 설명될
수 있으나 여기서는 인프라사업 등 건설을 동반한 개발사업에 한정
하여 그 정의를 표현해보았다.

개발사업이란 사업개발의 주체(디벨로퍼)가 인프라사업, 부동산개발, 제조
업 프로젝트 등을 대상으로 사업에 필요한 토지, 인허가, 자금을 확보하고
필요한 각종 계약 등 제반 요소의 수행을 통해 건설, 시설운영, 유지보수 등
사업을 완성해가는 작업을 의미한다.

역사적으로 개발사업은 자원개발이나 대규모 산업설비, 토목인
프라 등에서 시작하여 현재는 사회기반사업의 민영화나 민간투자

유치사업PPP 등으로 대상 분야가 확대되는 추세이다.

　이러한 개발사업은 대부분 장기간의 개발기간이 소요되고 대규모 자본이 필요하다는 특성이 있다. 또한 사업 초기에 비즈니스모델을 포함한 사업의 명확한 방향이 설정되어야 한다. 기술뿐 아니라 재무, 법률, 환경 등 다양한 전문성이 요구되며 정치, 경제, 사회 등 외부환경의 변화에 민감하게 영향을 받는다.

　따라서 개발사업의 추진 시 사업발굴을 위한 글로벌 네트워크 및 시장정보를 어떻게 확보하느냐가 매우 중요하며 개발사업 해당국 정부 및 사업파트너들에게 제공할 제안의 가치를 극대화하기 위해 축적된 기술과 경험의 발현이 필수적이다.

개발사업의 과거와 현재

건설을 동반한 개발사업은 투자개발 과정에서 발생하는 리스크가 매우 크기 때문에 통상적으로 투자자의 책임을 한정하고 참여하는 금융기관도 프로젝트의 손실에서 자유롭지 못한 프로젝트 파이낸싱Project Financing을 기본전제로 한다. 이러한 관점에서 최초의 개발사업 사례로는 1299년 영국왕실의 은광 개발이 거론된다.

영국왕실의 은광 개발
당시 영국왕실은 은광 개발을 위해 이탈리아의 은행에서 대출을 받았는데, 1년간 은 원광석 채굴권을 담보로 제공하였으며 금융업계에서는 이를 금융과 개발이 결합된 최초의 비소구 방식Non-Recourse Base의 프로젝트 파이낸스로 평가하고 있다. 이후 제국주의 세력들의 아시아, 아프리카대륙의 식민지화 과정에서 사업개발이 활발히 진행되었으며 19세기 후반에는 미국의 대륙횡단철도 사업에서 정부가 토지를 제공하고 보조금과 융자금을 지원하는 가운데 프로젝트 파이낸스 방식으로 민간의 참여를 독려하며 사업이 진행되었다.

수에즈 운하(Grand March)

그 후 기념비적인 사업개발의 사례로는 19세기 말 20세기 초의 수에즈 운하와 파나마 운하 개발사업을 들 수 있다. 두 사업은 운하 건설을 통해 획기적인 물류혁명을 일으켰다는 점은 물론, 그 추진 과정에서 사업개발 주체들의 다양한 노력과 정치·경제적 갈등, 많은 인력의 희생 등 해외개발사업에 대한 수많은 교훈을 남겼다는 점에서 후대 사업 개발인들의 귀감이 되고 있다.

프랑스의 외교관 출신인 페르디낭 마리 레셉스Ferdinand Marie de Lesseps는 이집트 근무 시절 아프리카 전체를 돌아가는 대신 지중해와 홍해를 연결하여 영국-인도 간의 항로를 1만 킬로미터 이상 단축하는 수에즈 운하 개발의 꿈을 꾸기 시작했다. 본격적인 사업 추진을 위해 수십 년에 걸친 치밀한 구상과 함께 정치적, 재무적인 인맥을 총동원하여 10년에 걸친 공사 끝에 1869년 수에즈 운하 건설을 성공시켰다. 구체적으로는 이집트 왕실과의 오랜 친분관계를 활용한 사업권 승인, 프랑스 왕실의 금융지원, 강대국 간의 외교적인 조정 등이 이뤄졌다. 여담이지만, 수에즈 운하의 개통을 기념하여 만들어진 오페라가 바로 베르디 작곡의 〈아이다〉이다.

파나마 운하(The winner takes it all)

수에즈 운하를 완성한 레셉스는 그 여세를 몰아 남·북아메리카를 연결하는 파나마 지역에 해협을 뚫어 태평양과 카리브해를 연결하는 1만 5000킬로미터의 항로를 단축하는 파나마 운하 사업을 추진했다. 그러나 레셉스의 양대양주식회사는 지형과 기후조건의 어려움, 풍토병, 자금부족 등 열악한 건설 환경을 이겨내지 못하고 9년 만에 파산하고 말았다.

그로부터 약 10년 후 미국의 금융자본이 프랑스로부터 운하 굴착권을 인수하고 파나마를 콜롬비아로부터 독립시켜가며 사업권을 확보한 후 운하를 완성시킨다. 사업개발과 금융이 결합하여 국가를 뛰어넘는 불굴의 의지를 보여준 프로젝트이다. 이 사업에 국가적인 지원을 아끼지 않았던 미국은 무려 85년간 파나마 운하의 조차권을 유지하며 정치·경제적인 실리를 만끽했다.

북해유전

현대에 들어와서는 1970년대 초반 영국의 북해유전 사업이 대표적인 투자개발사업으로 현대직인 프로젝트 파이낸스가 도입된 사업개발의 효시로 일컬어지고 있다. 영국의 BP^British Petroleum와 네덜란드/영국의 로열 더치 쉘Royal Dutch Shell이 사업의 주체로 참여했다.

그 후 1990년대 들어 영국 등 선진국을 중심으로 인프라사업에 민간부문의 효율성을 도입, 공공부문의 비효율성을 개선하는 차원

[주요 투자개발사업]

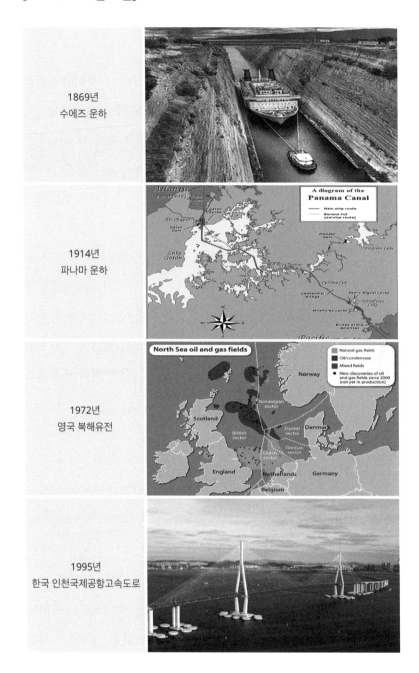

1869년 수에즈 운하	
1914년 파나마 운하	
1972년 영국 북해유전	
1995년 한국 인천국제공항고속도로	

I _ 해외개발사업이란 무엇인가

에서 PPP 사업이 도입되기 시작하였고, 비슷한 시기에 재정이 취약한 후발개도국들도 이에 관심을 가지면서 투자개발사업의 수요가 급증하기 시작했다.

인천국제공항고속도로

우리나라에서는 1994년 민간자본의 사회간접자본 투자 촉진법이 제정되면서 본격적인 PPP 사업이 시작되었다. 그 다음 해 인천국제공항을 연결하는 '인천신공항고속도로 사업'이 최초의 민자개발사업으로 추진되었다. 이후 여러 성공과 시행착오를 겪으면서 몇 차례의 법령 정비 과정을 통해 세계적으로 잘 운영되는 PPP 제도를 가진 나라의 하나로 성장하였다.

PPP(Public Private Partnership)

PPP 사업이란 민간과 공공이 프로젝트에서 발생하는 제반 리스크를 분담하면서 공공시설물, 유틸리티와 공공서비스 등을 장기적으로 협력하는 사업 파트너십을 의미한다. 1980년대 많은 개도국들이 외채위기를 겪으면서 국가부채 증가의 해결방안으로 주목받기 시작했다. 한편 선진국에서는 공공부문의 비효율성을 개선하기 위해 민간부문의 효율성을 도입하는 과정에서 이뤄졌다. 또한 사회간접자본SOC: Social Overhead Capital의 민영화Privatization와 함께 종전에 과도했던 규제들의 완화가 추진되었다.

표 7 _ 한국 PPP의 역사

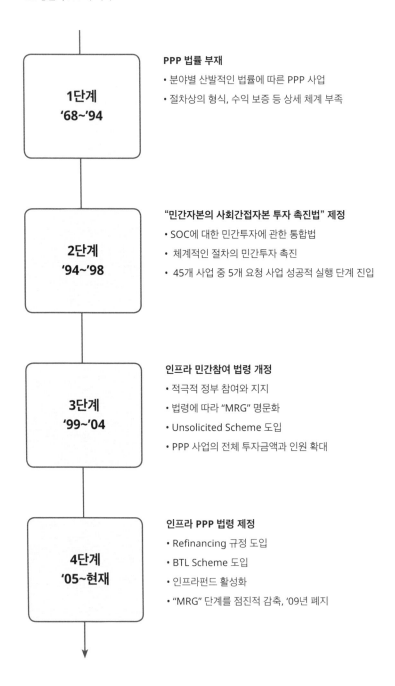

PPP 법률 부재
- 분야별 산발적인 법률에 따른 PPP 사업
- 절차상의 형식, 수익 보증 등 상세 체계 부족

1단계
'68~'94

"민간자본의 사회간접자본 투자 촉진법" 제정
- SOC에 대한 민간투자에 관한 통합법
- 체계적인 절차의 민간투자 촉진
- 45개 사업 중 5개 요청 사업 성공적 실행 단계 진입

2단계
'94~'98

인프라 민간참여 법령 개정
- 적극적 정부 참여와 지지
- 법령에 따라 "MRG" 명문화
- Unsolicited Scheme 도입
- PPP 사업의 전체 투자금액과 인원 확대

3단계
'99~'04

인프라 PPP 법령 제정
- Refinancing 규정 도입
- BTL Scheme 도입
- 인프라펀드 활성화
- "MRG" 단계를 점진적 감축, '09년 폐지

4단계
'05~현재

표 8 _ 전형적인 PPP 사업방식

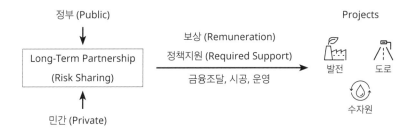

PPP 사업에서의 통상적인 리스크 분담 방식

• 시장(수요)과 환리스크 : 정부(공공)
• 정치 리스크 : 정부(공공)와 민간
• 금융조달, 시공, 운영 : 민간

    PPP의 기본 개념은 표 8과 같이 공공과 민간이 리스크를 분담하며 공공부문이 민간사업자에 대한 보상과 정책적 지원을 보장해주는 방식이다.

    PPP 사업은 건설 후 사업의 소유권, 운영주체에 따라 여러 가지 형태로 나뉜다. 표 9는 대표적인 PPP 사업의 형태를 설명한 내용이다. 해외개발사업에 있어서는 운영 후 일정 기간 경과 후 사업권 반환 여부에 따라 보통 BOT^{Build-Operate-Transfer}와 BOO^{Build-Own-Operate}가 많이 적용된다.

표 9 _ PPP의 사업형태

구분	주요내용	적용사례
BTO	민간투자회사가 자금조달, 시공 후 그 소유권을 정부에 양도하고 일정기간 운영권 행사	인천국제공항고속도로 서울 지하철 9호선
BOT	민간투자회사가 자금조달, 시공 후 일정기간 운영(투자회수) 후 정부에 이전	터키 Eurasia 해저터널 파키스탄 Patrind 수력 라오스 Xe-Pian 수력발전
BOO	민간투자회사가 자금조달, 시공 후 운영권과 소유권을 행사	바레인 Muharraq 하수처리 폴란드 PDH/PP 플랜트
BTL	민간투자회사가 자금조달, 시공 후 소유권을 정부에 이전하고, 시설 임대료를 징수	부전-마산 고속철도 하수관거, 학교, 관사 등

※ BTO: Build-Transfer-Operate
　BOT: Build-Operate-Transfer
　BOO: Build-Own-Operate
　BTL: Build-Transfer-Lease

03

사업구조와 사업개발 프로세스

개발사업의 사업구조

개발사업은 대부분 기존에 존재하던 법인이 아닌 목적하고 있는 개발사업만을 대상으로 한 특수목적법인SPC: Special Purpose Company을 설립하여 진행한다. 개발사업은 특수목적법인을 중심으로 사업에 필요한 제반요소들이 인증과 계약을 통해 목적사업을 구성하게 되는데, 이러한 제반요소들의 구성을 맞추는 작업을 사업구조화Deal Structuring라고 한다.

개발사업의 통상적인 사업구조는 아래와 같다.

- 특수목적법인(SPC) : 신규 개발사업의 주체
- 사업주(Sponsor) : 자본을 투자하고 사업을 주도

- 대주단(Lender) : 사업에 필요한 자금을 대출해줌
- 원료공급자(Feedstock Supplier)
- 제품/용역의 구매자(Offtaker)
- 시공자(EPC Contractor)
- O&M 계약자(O&M Contractor) : 목적사업의 운영 및 유지/보수

필자는 위에 언급한 사업개발의 주요 요소 중 사업주, 대주단, 원료공급자, 제품구매자, 시공자, O&M 계약자를 사업개발을 가능케 하는 여섯 가지 필수요소, 식스 이네이블러Six Enablers라고 부른다. 이는 필자만의 용어이며 아직 보편적으로 알려진 용어는 아니므로 사용에 주의하시기 바란다.

식스 이네이블러에는 포함되지 않으나 사업소재지 국가의 정부도 각종 인허가 승인, 사업권 공여, 실시계약 등을 통해 프로젝트의 중요한 역할을 담당하며 식스 이네이블러의 한두 가지 역할을 맡으며 사업에 참여하는 경우도 있다.

그 밖에 사업을 위한 실사 과정에서 사업주와 대주단이 각각의 자문단을 구성하여 사업의 타당성을 따지는 작업이 진행된다. 자문단은 재무, 법률, 마케팅, 기술, 환경, 보험 등 5~8개 그룹으로 구성된다. 보통의 경우에는 재무자문사Financial Advisor가 각종 조사보고서를 총괄하여 사업설명서Information Memorandum를 작성한다.

표 10 _ 전형적인 개발사업 구조

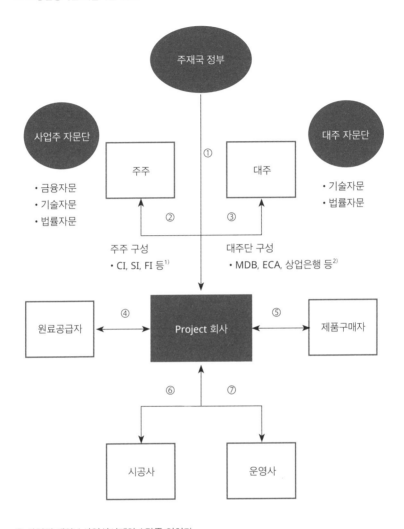

① 사업권 계약 / 사업실시계약 / 각종 인허가
② 주주간 계약   ③ 대출계약 / 담보계약   ④ 원료공급 계약   ⑤ 제품판매 계약
⑥ EPC 계약   ⑦ O&M 계약

1) CI: 건설 투자자, SI: 전략적 투자자, FI: 재무적 투자자
2) MDB: 다자간개발은행, ECA: 수출신용기관

Six Enablers

사업주(Sponsor, Equity Investor)

사업주는 일반적으로 사업의 참여 목적에 따라 다음과 같이 나뉜다.

- 전략적 투자자(SI: Strategic Investor)
- 재무적 투자자(FI: Financial Investor)
- 건설 투자자(CI: Construction Investor)
- 운영 투자자(OI: Operation & Maintenance Investor)

대주단(Lender)

대주단은 대출, 채권투자 등의 형태로 사업에 참여하여 사업주에 우선하여 대출 원리금 상환과 청산 시 우선변제의 권리를 갖는다. 프로젝트 파이낸스로 진행되는 해외개발사업에는 다자간개발은행MDB, 각국의 수출신용기관ECA 등의 참여가 중요하며 민간 상업은행 등도 대주단으로 참여한다.

원료공급자(Feedstock Supplier)

원료공급자는 각 산업별로 다양한 형태로 나타난다. 석유/가스산업에서는 산유국의 국영석유공사NOC: National Oil Company, 국제적인 석유 메이저 회사IOC: International Oil Company들이, 발전산업에서는 석탄/가스 등의 연료공급자, 수력발전의 경우 소재국 수자원 관련 실행권이 그 대상이 된다.

그러나 대부분의 교통인프라 사업이나 태양광발전, 풍력발전 등의 신재생에너지 사업에는 해당이 없는 사항이다. 그런 경우에는 식스 이네이블러가 아닌 파이브 이네이블러가 된다.

제품/용역 구매자(Offtaker)

제품/용역 구매자도 사업별로 다양한 형태로 나타난다. 석유/가스 사업과 일반제조업에서는 관련 상품의 전문 트레이딩 회사 및 최종소비자가 있으며 발전사업의 경우 관련 정부기관의 전력구매계약PPA: Power Purchase Agreement, 민간부문의 개별계약Bilateral Contract, 도로/철도 등 교통인프라 사업에서는 정부 차원의 최소수입보장MRG: Minimum Revenue Guarantee 또는 최소보증금AP:Availability Payment 등이 해당된다.

시공 사업자(EPC Contractor)

시공 사업자는 완공에 대한 리스크를 책임져야 하며 기술, 유사 프로젝트 수행실적 및 원가경쟁력을 기본으로 선정해야 한다. 프로젝트 파이낸스를 위해 ECA 금융조달 가능성을 추가로 고려해야 한다. 즉 EPC 비용뿐 아니라 ECA 금융경쟁력을 종합하여 판단할 수 있으며, 단일 국가의 ECA가 감당하기 어려운 대형 프로젝트의 경우 두 나라 이상의 EPC 업체를 컨소시엄으로 구성하여 복수의 ECA가 협조하는 Multi-ECA 금융을 추진하는 경우도 있다.

운영 및 유지/보수 사업자(O&M Contractor)

운영 및 유지/보수 사업자는 각 산업별로 충분한 운영기술과 경험을 가진 사업자가 선정되어야 한다. 금융 약정상 사업주가 부담해야 하는 운영에 대한 리스크를 백투백Back to Back으로 감당할 수 있는 신용도와 역량을 전제로 선정한다.

사업개발의 단계

사업개발 과정은 크게 3단계로 나누어진다.

- 1단계(개발단계) : 사업발굴, 타당성 확인, 사업구조화, 사업/금융 약정
- 2단계(건설단계) : 건설 및 시운전을 통해 상업생산 달성
- 3단계(운영단계) : 목적사업의 운영을 통해 투자비 회수

이 책에서는 상기 세 가지 단계 중 1단계인 개발단계에 대한 부분만을 집중적으로 논의할 계획이다.

1단계의 핵심인 사업구조화 과정은 사업의 실행가능성Viablity과 금융조달가능성Bankability을 제고하기 위해 다양한 이해관계자와의 계약체결을 목표로 하는 프로젝트 구조화 과정이며, 시계열적으로 발생하는 주요 이벤트들을 정리하면 다음과 같다.

표 11 _ 사업개발의 라이프 사이클(Life Cycle)

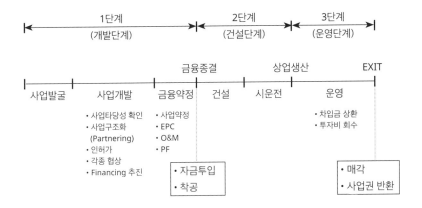

1) 디벨로퍼의 사업구상 : 기본 사업계획, 토지, 인허가 확보, 스 폰서그룹 등

2) 스폰서그룹 구성 : LOI(투자/사업의향서) → MOU(사업협력양 해각서) → JDA(공동사업개발계약)

3) SPC 설립 : 프로젝트의 본격적인 추진, JVA(합작사업계약) 체결

4) 사업타당성 확인 : 자문단 선임, 사업타당성 검토, 실사

5) 사업주 간 주주협약 체결 : Shareholders' Agreement

6) 장기구매/공급계약 체결 : Offtake Agreement, Supply Agreement

7) 시공 및 운영계약 체결 : EPC Agreement, O&M Agreement

8) 사업소재국 정부와의 실시협약 체결 : Concession Agreement 또는 Implementation Contract

9) 금융기관으로부터 PF 금융 조달 : Financing Agreement

표 12 _ 개발사업 프로세스별 주요 활동

		사업발굴	타당성검토	사업권계약 및 인허가	주요계약체결 Due Diligence	금융조달
소요기간		1~2개월	6~12개월	3~6개월	3~6개월	3~6개월
주요 계약	정부	사업주 & 정부 MOU		양허계약 or 실시협약		
	사업주		공동개발 계약(JDA)	주주협약 (SHA)		
	기타		사업주 자문단 선정 계약		- EPC, O&M 계약 - Off-take 계약	금융약정 및 담보 계약

표 12는 개발사업의 주요 프로세스와 그 과정에서 발생하는 활동들을 정리한 것이다. 표 12에서 언급된 각 사업개발 단계별로 꼭 챙겨야 할 이슈들을 살펴보도록 하자.

1) 사업발굴 단계

- 사업소재국 정부부처 및 관련 기관과의 협력

- 사업추진 권리 확보

- 기본적인 인허가 상황 및 사업대상 부지 확인

MOU 서명	JDA 서명

[방글라데시 송전선로]
- 2020년 6월
- GS건설/KIND/한전

[호주 태양광발전]
- 2020년 10월
- 서부발전/KIND/S-Energy/WODONGA

사업약정/금융약정	Press Conference

[칠레 태양광발전]
- 2020년 9월
- 한수원/KIND/S-Energy/한양전공

[폴란드 PDH/PP]
- 2020년 6월
- Azoty/현대ENG/KIND

2) 사업타당성 검토 단계

- 사업구조에 대한 아이디어 수립

- 경쟁력 있는 컨소시엄 구성

- F/S 용역업체 선정 및 비용의 분담

3) 사업권 계약 및 인허가 단계

- 양허권 계약 또는 실시협약의 금융조달 가능성 확인
- 관련 인허가별 승인 여부 확인
- 프로젝트 회사SPC의 지배구조 확정

4) 프로젝트 계약 체결 및 금융실사(DD) 단계

- 사업참여자 간의 이해충돌 확인 및 조정
- 프로젝트의 제반 위험 분석 및 회피방안 도출(사업참여자 간 분담)

5) 금융조달 단계

- 금융기관별 참여조건 확인
- 인출선행조건CP: Condition Precedent 합의

위에서 언급한 사항들을 잘 유념하고 각 단계별로 필요한 사항들이 체계적으로 잘 진행되도록 해야 한다.

04
해외개발사업 추진 시
고려해야 할 주요 이슈

뱅커빌리티 확보

통상적으로 해외개발사업은 스폰서그룹의 자본투자 외에도 50~90%의 자금을 타인자본을 통해 대출(프로젝트 파이낸스)의 형태로 조달한다. 따라서 프로젝트 파이낸스를 완성하기 위해서는 대주단이 안심하고 대출을 실행할 수 있는 사업구조를 만들어야 한다. 이를 다른 말로 뱅커빌리티Bankability, 금융조달가능성의 확보라고 한다.

　뱅커빌리티 확보를 위해 고려해야 할 주요 사항들을 정리해보면 다음과 같다.

국가/정치 리스크

해외개발사업의 특성상 소재국의 신용도가 중요하다. 정치적 안정과 GDP 규모, 경제성장률, 외환보유고 등과 같은 거시경제지표의 안정성, 그리고 프로젝트를 수행하기 위한 관련 법/제도의 완비, 유사 프로젝트의 선행사례 등을 잘 살펴보아야 한다.

사업주와 파트너 이슈

SPC의 주주 구성을 말한다. 자본을 투자하는 각 파트너들의 실행 능력을 파악하기 위해 신인도, 실적 등을 잘 살펴보아야 한다. 또한 원료공급자, 제품구매자, 시공사, 운영 및 유지보수 회사 등의 신뢰도도 중요하다. 필자의 경우에는 사업 초기에 파트너를 잘 파악하기 위해 주요 파트너의 오너 또는 탑 매니지먼트들을 면담하고 사업장을 방문하는 것을 원칙으로 하고 있다.

기술적 타당성

대출을 담당하는 금융기관들은 일반적으로 매우 보수적이다. 따라서 프로젝트 파이낸스를 통한 대출을 위해서는 무엇보다도 검증된 기술 여부와 사업참여자들의 선행 기술, 경험이 중요하다. 흔히 말하는 혁신적인 신기술에 대하여는 금융기관의 참여가 매우 인색한 편이다. 또한 적정 공사비/투자비 및 적정 공기, 불가항력 등에 대한 보험 여부도 대출의 중요한 판단기준이 된다.

재무적 타당성

결국 사업이 재무적으로 얼마나 안정적이고 수익성을 갖췄는지가 중요하다. 금융기관의 경우 대출금의 상환능력을 판단하는 부채상환계수DSCR: Debt Service Coverage Ratio가 가장 중요한데, 사업별로 재무모델에서 최소 1.1에서 1.6까지의 DSCR을 확보해야 프로젝트 파이낸스가 가능하다.

또한 PF의 구조, 조건, 규모 등을 실행 가능하게 잘 구성해야 한다. PF는 원칙적으로 스폰서가 투자한 자본금 외에 추가적인 책임을 지지 않는 비소구 금융Non-Recourse Financing이나, 실제로는 최소한의 부담이 필요한 제한적 소구 금융Limited Recourse Financing이 일반적이다. 따라서 스폰서가 부담해야 할 책임의 범위를 감당 가능한 선에서 잘 결정해야 한다.

보통의 경우 인프라 개발사업의 PF는 건설 후 사업의 운영을 통해 조달한 자금을 모두 상환할 수 있도록 10~20년 정도의 장기 파이낸싱으로 이루어진다. 최근에는 미니 펌Mini-Perm 방식이라 하여 장기자금을 조달하기 어려운 상황에서 임시로 중기로 자금을 조달하고 중기조달의 만기시점 이전에 재대출Refinancing을 받아 장기금융의 효과를 내는 경우도 있다. 그 밖에 지역에 따라 로컬 금융기관들을 통한 로컬 파이낸싱Local Financing, 프로젝트 본드Project Bond 및 리스 금융Lease Financing을 활용하는 경우도 있다.

사업 초기부터 재무전략을 잘 수립하고 잠재적인 대출 금융기관을 명확히 파악해서 프로젝트 추진을 해야 사업의 성공확률을 높이고 사업개발 기간을 단축할 수 있다.

방시

방시는 1908년 설립된 프랑스 최대 건설사로 2000년 이후 적극적으로 운영사업을 확장하여 100여 개국에서 2100개의 자회사를 통해 도로·공항 분야의 사업개발 및 운영사업Concession Business을 영위하고 있다. 2020년 현재 프랑스 유료도로의 50% 이상을 포함하여 유럽 등 세계 각국에서 4400킬로미터의 도로 운영사업을 하고 있다. 공항 사업은 영국, 일본을 포함하여 12개 국가에서 45개 공항을 운영하고 있고, 주차장 및 철도 사업에도 진출하고 있다.

2019년도 매출액이 390억 유로로 한화 51조에 달하는데, 운영사업은 85억 유로로 전체 매출액의 약 22%를 차지한다. 그러나 운영사업에서의 영업이익은 40억 유로로 전체 영업이익의 70%를 차지하고 있어 회사의 가장 중요한 수익원 역할을 하고 있다.

방시의 성장전략을 살펴보면 상품과 시장의 선택에 있어 가장 최우선으로 프랑스 내수 및 주변국 시장, 상품은 토목·건축에 집중하여 개발사업을 시작하였다. 그 추진 과정에서 창업보다는 전략적인 인수합병에 주력하였고, 인수 후에는 확실한 자율 경영권을 부여하여 수직계열화보다는 지역 분담형 독립채산제를 시행하였다. 건설부문에서도 매출의 50%를 도급공사 및 5천만 유로 이하의 소규모 사업으로 추진하고 있는 등 신중하게 리스크를 분산하여 운영하고 있다.

전체 지분 중 우리사주 비중이 8.5%로 높은 편이며 정직원 비중이 90%에 달한다. 높은 인센티브 부여로 종업원들의 로열티를 제고하고 있다.

2008년 터키 유라시아 터널 사업 입찰에서 SK팀과 경합한 적이 있으며 우간다의 캄팔라-진자 고속도로, 미얀마 양곤 고가고속도로, 노르웨이 RV-555 도로 사업 등에서 한국팀과 사업권을 놓고 경쟁 중이다.

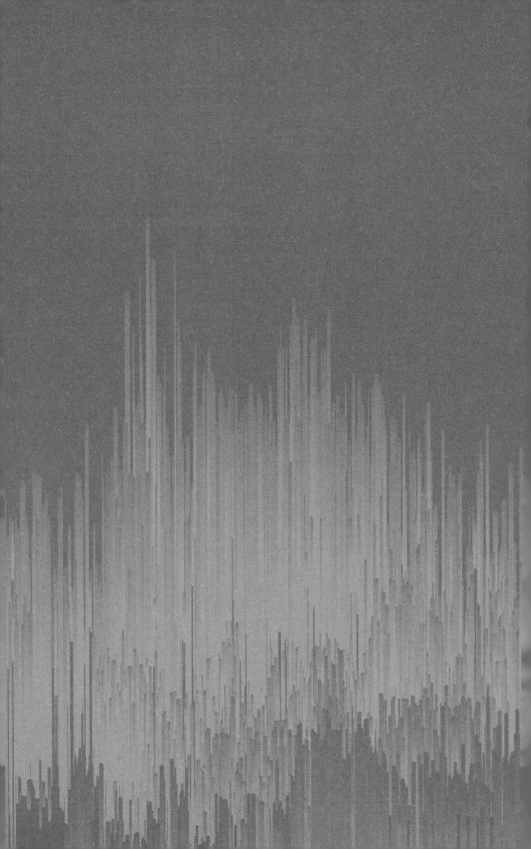

II

해외개발사업,
어떻게 추진할 것인가

01
사업의 발굴
(Deal Sourcing)

양질의 사업을 찾아라

나는 가끔 "해외개발사업을 추진하는 데 있어 가장 중요한 것이 무엇인가?"라는 질문을 받는다. 그때 주저 없이 하는 답변이 "양질의 사업 발굴"이다. 사업개발의 여러 과정 중 제일 중요한 것이 첫 번째 단추를 채우는 '사업의 발굴Deal Sourcing'이라는 생각이다.

사업을 발굴하는 과정은 어떤 정해진 틀이나 과정 없이 매우 다양한 방법과 노력을 통해 이뤄진다. 그래서 해외사업을 추진하는 각 주체들이 해외에 지사도 만들고 시장개척을 위한 출장도 실시하고 각종 세미나, 포럼 등에 참여하고 관련 정보가 있는 해외 간행물들을 열심히 구독하며 시장정보Market Intelligence를 확보하기 위한 노력을 하는 것이다.

결국 고급 정보를 확보할 수 있는 강하고 효율적인 네트워크가 필요한데, 이는 사업개발 주체의 과거 실적, 국제적 인지도, 마케터의 개인역량 등에 많은 영향을 받는다. 기존 시장의 영향력 있는 선발 대형 플레이어들에게는 유리하고 신규 시장참여자에게는 매우 불리한 부익부빈익빈의 시장이다.

항상 경쟁자가 있는 싸움이다 보니 더 좋은 사업의 정보를 남들이 모를 때 먼저 확보해서 그에 대한 준비를 해야 사업의 확보 및 성공 가능성이 높은데, 이게 말처럼 쉬운 일이 아니다. 우선 재정이 튼튼하고 사업여건이 좋은 나라에서 추진하는 사업들은 이미 준비가 잘되어 입찰이라는 경쟁을 통해 전 세계 모든 경쟁자에게 기회가 주어지는 것이므로 입찰 시 반영할 수 있는 나의 경쟁력이 중요할 뿐 사전에 네트워크를 통해 정보를 확보하고 준비하는 것이 그렇게 큰 이점을 주지는 않는다. 반면에 재정이 취약하고 개발사업을 추진하기 위한 법과 제도가 잘 갖춰져 있지 못한 프로젝트의 경우는 좋은 수익성이 예상되더라도 그 추진과정이 매우 어렵고 실패의 확률이 높다.

결국 좋은 사업을 발굴하기 위해서는 다음의 두 가지가 매우 중요하다.

1. 다양한 사업발굴원Deal Sourcing Channel을 확보하는 것
2. 정보를 수집한 프로젝트의 옥석을 가려 제한된 자원으로 될 만한 사업에 집중하는 것

표 13 _ 사업발굴 채널 관리(KIND의 사례)

구분	채널	상세업무분류
정부	對 해외 정부 플랫폼	- 기존 Joint PPP 플랫폼 운영 및 신규 설립
	對 국제기구	- 신규 플랫폼 공동 설립 및 네트워크 확대
공공	공공기관	- 주기적인 공공기관 면담 개최 및 대외경제장관회의 등 고위급 회의 참석
	각 정부부처	- 기재부, 산업부, 대외경제장관회의 등 참여 G2G 사업 발굴, 법률 개정 검토
민간	해외 민간기업	- 글로벌 개발사/건설사/자산운용사 등 주기적 미팅
	국내 민간기업	- 국내 개발사/건설사/자산운용사 등 찾아가는 기업면담 시행
KIND 위수탁 사업	위수탁지원사업	- F/S, K-CITY, EIPP 등 KIND 지원사업 설명회 및 타기관 F/S 프로그램 연계
	해외인프라 협력센터	- 주재국, 주변국 정부 면담 및 협력센터 역할 홍보 및 대외 커뮤니케이션 수행
기타	정보간행물 모니터링	- 정보간행물 모니터링 및 사업정보 관리

표 13은 필자의 회사(KIND)에서 활용하고 있는 딜소싱 채널의 기본적인 모습이다. 이를 참고로 각각의 기업에 맞는 딜소싱 전략을 수립하길 바란다.

발굴한 사업의 옥석을 가려라

발굴된 사업의 옥석을 가리는 일은 매우 중요한 작업이다. 이 과정은 회사가 본격적으로 자금을 투입하여 기술적, 경제적 타당성을 확인하기 이전에 이 사업을 내부적으로 더 확인하고 사업개발의 잠재후보로 선정할 것인가를 판단하는 과정이므로 내부 인력의 지식과 경험 그리고 간단한 외부 조언을 바탕으로 결정되는 것이 일반적이다.

사업개발을 하다 보면 초기의 막연한 기대에 의존하여 섣부르게 판단한 사업에 많은 인적, 물적 자원을 낭비하는 경우도 있고 우리가 가능성이 없다고 판단한 사업이 다른 회사들에 의해 잘 진행되는 경우도 있다.

나의 경우 이전 직장에 근무할 때 사업개발본부의 후배들에게 항상 조언했던, 발굴된 사업 정보에 대한 개인적인 판단기준이 있었다.

"사업의 정보를 들었을 때 다음 세 가지 질문에 대한 답변을 고민해봐라."

- 사업의 미래수익이 어디에서 나오는가? (수익모델Revenue Stream에 대한 판단)
- 이 사업을 누구와 같이 할 것인가? (파트너링 → 사업구조화 전략)
- 사업에 필요한 자금을 어떻게 조달할 것인가? (프로젝트 파이낸싱 전략)

위의 세 가지 질문에 대한 답변이 한 시간 안에 머릿속에 명쾌하게 정리되지 않으면 그 사업은 쳐다보지 말라는 것이었다.

그 세 가지에 대한 명확한 계획이 있더라도 실제로 사업개발을 하는 과정에서는 예상하지 못했던 많은 장애와 인적, 물적, 시간의 추가적인 투입이 필요할 것인데 처음부터 위에서 언급한 기본적인 질문에 대한 명확한 계획이 떠오르지 않는다면 그 사업을 개발하기는 어려울 것이며 장기간에 걸쳐 아까운 자원을 낭비할 가능성이 높다는 것이 필자의 경험이다. 물론 그러한 판단을 하기 위한 시장에 대한 충분한 이해와 사업개발에 필요한 사업개발 담당자의 기본적인 역량이 충분히 갖춰져 있을 때에만 가능한 이야기이긴 하다.

따라서 대부분의 사업개발 조직에서는 발굴된 사업의 추진을 판단하는 내부적인 프로세스를 갖추고 위원회를 통해 집단지성을 활용하여 결정을 하게 된다. 통상적으로 본격적인 사업개발의 추진을 위해 인력과 예산의 지출을 승인받는 개발사업 선정 승인과 사업개발 과정을 통해 최종적으로 투자에 대해 승인을 받는 두 가지 절차를 필수적으로 거치게 되어 있다.

표 14는 KIND 내부의 사업개발 의사결정 구조이다. 각 회사별로 내부 규정과 처한 상황이 다르므로 참고로 활용하시기 바란다. 제도도 중요하지만 이러한 절차를 거치는 의미를 항상 고려하며 신

표 14 _ 사업개발 의사결정 절차(KIND의 사례)

구분	시기	결정사항
사전검토위원회	사업정보 수집 후 추가 확인 필요 시	- Non-binding LOI/MOU 체결 - 소규모의 조사비 등 집행
사업선정위원회	본격 사업개발 착수	- Binding MOU, JDA 체결 - 사업개발비 지출
투자심의위원회	투자의사결정	- Binding 조건의 입찰참여 - 지분참여, 금융참여 - 스폰서로서의 의무 제공
이사회	투자의사결정	- 지분참여, 금융참여 - 스폰서로서의 의무 제공

중한 판단을 해야 한다.

참고로 KIND의 사업선정위원회와 투자심의위원회는 절반 정도의 외부 전문가들을 평가위원으로 초청하여 최대한 객관적으로 평가를 진행하고 있다.

02

조직과 프로세스

개발사업 추진 조직

사업개발에 착수하게 되면 프로젝트별로 개발사업 추진을 위한 별도의 팀(태스크포스)이 구성되어야 한다. 사업의 규모 및 복잡성에 따라 그 체계와 구성이 달라질 수 있다.

표 15는 대규모 해외사업개발 프로젝트 추진을 위한 일반적인 사업개발 조직(프로젝트 태스크포스)의 모습이다. 2~3개의 회사가 공동으로 사업을 개발하는 경우 합사를 만들어서 진행하는 경우가 많으며 각 회사별로 합의된 역할과 구성원들의 전문성을 고려하여 업무를 분담하게 된다.

표 15 _ 사업개발 TF 조직의 예

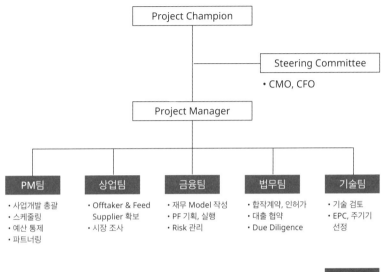

프로젝트 챔피온(Project Champion)

통상 사업비가 수천억 원이 넘는 대형 사업의 경우 임원급이 프로젝트 챔피온을 맡는다. 전공 및 담당업무에 특별한 제한을 받지는 않지만 마케팅과 기술, 재무 등에 대한 폭넓은 지식과 경험이 있는 것이 유리하다.

프로젝트 매니저(Project Manager)

작은 규모의 프로젝트는 부장/팀장급에서 프로젝트 챔피온과 매니저를 겸하기도 한다. 프로젝트 매니저는 PM팀을 운영하면서 사업계획, 일정 및 예산 관리, 사업 파트너링 등의 역할을 수행한다.

상업(Commercial)팀

사업개발의 목적사업이 제대로 운영될 수 있도록 시장에 대한 분석과 회사의 운영전략 수립 및 제품구매자와 원료공급자를 확보하는 업무를 담당한다.

금융(PF)팀

프로젝트의 재무모델 작성, 자금조달 계획의 수립 및 실행을 맡는다. 대부분의 업무를 재무자문사Financial Advisor와 같이 수행한다. 재무자문사는 국제적인 투자은행IB: Investment Bank 또는 재무자문을 전문으로 하는 회계, 컨설팅 법인을 활용한다.

법무팀

사업에 관련된 각종 법률 검토와 계약의 실행을 담당한다. 역시 법무자문사Legal Advisor를 선정하여 업무범위를 정해 같이 협력하여 업무를 수행한다.

기술팀

사업에 대한 기술적인 검토를 담당한다. 라이선스 및 주기기의 선정, 기본설계, 투자비 산정 등을 검토하고 대주단의 요청에 따라 기술적 타당성을 입증하여야 한다.

운영위원회(Steering Committee)

중요한 의사결정 및 신속한 지원을 위해 임원 등 간부사원으로 운영위원회를 구성하여야 하며 CFO^{재무담당최고책임자}, CMO^{마케팅담당최고책임자}를 필수적으로 포함시키는 것이 좋다.

개발사업 추진 프로세스

개발사업은 통상적으로 사업개발에 오랜 기간이 소요되며 여러 조직 간의 협력이 필요하기 때문에 추진 과정에서 각 단계별로 추진 방향 설정과 구체적인 추진 전략의 수립이 필요하다.

개별 기업들이 사업개발을 추진할 때 크게 네 단계로 사업의 프로세스가 진행된다.

- 사업구상(Visualization)
- 사업구조화(Deal Identification or Deal Structuring)
- 협상 및 금융(Negotiation & Financing)
- 실행(Execution)

성공적인 개발사업을 위해 각 단계별로 진행되어야 할 주요 사항들은 다음과 같다.

사업구상 단계

사업발굴 및 추진에 관련된 주요 인사, 기관 등 키 어카운트Key Account에 대한 관리가 중요하며 초기부터 사업개발과 관련된 리스크의 분석이 잘 이뤄져야 한다. 사업의 타당성 확인 및 인허가/토지 확보 등을 위하여 사업개발비 투입에 대한 의사결정이 필요하다. 사업을 위해 필요한 식스 이네이블러(사업주, 대주단, 원료공급자, 제품 구매자, 시공자, O&M 계약자)에 대한 기본적인 구상과 그 대상들과의 초기 협의가 시작되어야 한다.

또한 내부적으로 회사가 사업개발을 통해 추구하는 가치가 명확히 정의되어야 한다. 그 추구 가치에 따라 사업개발 조직을 구성해야 한다. 이때 사업개발팀을 리드할 프로젝트 챔피온과 프로젝트 매니저의 선정이 가장 중요하다. 리더십을 갖고 다양한 역할을 동시에 수행할 수 있는 인사의 선정을 통해 사업개발 조직 내 각 팀들이 유기적으로 협력할 수 있는 체계를 마련해야 한다.

사업구조화 단계

사업의 소재국가, 산업특성에 맞춰 식스 이네이블러를 구성하는 과정이다. 사업 주체로서 자신의 포지션을 명확히 하고 부족한 역량을 보완할 수 있는 최적의 파트너를 확보해야 한다. 각 참여자들의 권리와 의무를 명확히 하고 사업목적회사SPC의 거버넌스에 대한 구상도 같이 이뤄져야 한다.

협상과 금융 단계

여러 협상 중 가장 중요한 것은 소재국 정부 및 발주기관과의 실시협약Concession Agreement에 대한 협상과 사업의 미래 현금흐름을 담보하는 제품/서비스 판매계약Offtake Agreement에 대한 협상이다. 실시협약은 국가와 사업주 간의 권한과 의무를 명확히 해야 하며 미이행 시 책임질 수 있는 신뢰할 수 있는 방안이 마련되어야 한다.

오프테이크Offtake 계약은 뱅커빌리티를 확보하기 위해 대주단이 요구하는 수준의 안정성을 확보해야 한다. 그러나 너무 안정만 추구하다 보면 사업의 미래 잠재력Upside Potential을 갉아먹는 수도 있으니 주의해야 한다.

이와 함께 사업참여자 간의 이해상충Conflict of Interest의 적절한 조정이 필요하며 참여자들 간의 수익모델을 다변화하고 수익성을 극대화하는 작업이 병행되어야 한다. 역량 있는 자문단을 구성하여 효율적인 듀 딜리전스Due Diligence 작업이 진행되어야 한다. 프로젝트 특성과 참여자 구성에 특화된 금융구조가 확정되어야 한다.

실행 단계

시공 및 운영(유지/보수를 포함)에 대한 치밀한 계획의 수립과 실행이 이뤄져야 한다. 또한 사업주별로 사업의 진행단계에 따른 별도의 출구전략Exit Plan과 사업이 처음 의도한 대로 잘 진행되지 않을 때를 대비한 비상계획Contingency Plan이 수립되어야 한다.

03

타당성 분석
(Feasibility Study)

사업타당성 분석이란?

사업타당성 분석Feasibility Study은 프로젝트의 투자의사결정 이전에 대상 사업의 실현가능성을 측정하기 위하여 미래에 예상되는 재무적, 경제적, 기술적 요인과 이에 관련된 주요 가정사항Basic Assumptions에 대한 검토를 통해 투자여건, 수익성, 리스크 요인들을 분석하고 평가하는 과정을 의미한다.

경제적 타당성 분석

한정된 자원의 효율적 활용에 그 목적이 있다. 신규 사업이 국민경제 및 지역사회에 미치는 영향을 분석하기 위해 미래에 발생할 사회적 비용 및 편익 분석을 통해 투자에 대한 효율성을 평가하는 방법이다. 흔히 B/C^{Cost-Benefit} 분석이라고도 하며 이를 토대로 정부나 공공기관은 예산배분의 우선순위 파악 및 자원의 효율적 배분을 실행할 수 있게 된다.

재무적 타당성 분석

프로젝트의 개발, 건설, 운영에 따른 수익성 분석을 목적으로 한다. 개발 프로젝트의 미래 수익과 비용을 예측하고 현금흐름 및 예상 수익률 분석을 통해 투자 여부를 결정하는 데 활용한다. 사업에 필요한 총투자규모 또는 연도별 자금소요액의 산정과 조달 가능성, 자금상환 관련 위험을 분석한다.

법률적 타당성 분석

사업에 적용될 법률과 투자 및 향후 수익을 회수하는 절차에 관련 법률들을 검토하여 사업의 진행에 차질이 없도록 한다. 특히 해외 사업개발의 경우에는 외국인 투자에 대한 각종 법률 및 배당, 자본 송금 등에 대한 부분을 잘 검토해야 한다.

기술적 타당성 분석

사업의 실행이 기술적으로 가능한지를 분석하고 건설·운영 관련 최적의 계획을 수립하는 데 그 목적이 있다. 프로젝트의 형태와 건축, 시설물, 기계장치 등의 종류에 따라 기술적 타당성 분석에 대한 중요도에 편차가 있으며 일반적으로 외부 전문 용역기관에 의뢰한다.

타당성 분석의 절차

사업에 대한 기술적, 법률적 검토 및 시장성에 대한 분석이 완료되면 추정 재무제표 및 미래현금창출 추정을 기초로 내부수익률IRR: Internal Rate of Return, 순현재가치NPV: Net Present Value 등의 수익성 평가 방식을 통해서 최적의 투자안을 도출한다.

해외 투자개발사업의 타당성 분석 업무는 재무적 타당성 분석이 중심이 된다. 이는 사업주체가 투자자의 입장에서 자신이 보유하고 있는 경제적 자산을 효율적으로 활용하여 수익을 극대화하는 것이

표 16 _ 사업타당성 분석 절차

기초자료조사

| Country Risk | 투자환경 | 사업현황/개발계획 | 수요분석 |

사업타당성 분석

기술	인허가	공사수행 여건	공사비/ 공정 검토	기술 검증	O&M 계획 적정성
법률	프로젝트 적용 법률	외국인 투자 관련 법률	배당/자본의 송금 가능성	환경영양평가 관련 법률	주요 계약의 적정성
재무	사업비/매출액 산정	자금조달계획 수립	추정 재무제표 작성	미래현금흐름 추정	수익성 검토

투자의사결정

사업개발의 목적이기 때문이다. 재무타당성 분석은 건설기간과 운영기간 동안 예상되는 각각의 연도에 발생하는 현금유출Cash Outflow 과 현금유입Cash Inflow을 투자가 이뤄지기 직전 시점의 현재가치로 환산하여 사업주체 또는 투자자의 수익성을 평가하는 과정이다.

표 17은 필자가 전 직장에 근무할 때 만들었던 개발사업의 일반적인 재무타당성 분석 절차이다. 재무타당성 분석 작업에 의해 생산된 재무제표를 토대로 수익성을 평가하는 지표로는 표 18과 같이 순현재가치, 내부수익률, 투자회수기간 등 세 가지 지표들이 주로 활용된다. 해외개발사업에서 사업주가 가장 많이 사용하는 수익성 평가지표는 IRR이다. 각 사업주가 자기의 조달코스트에 프로젝트

표 17 _ 재무타당성 분석 절차

총투자비 계산	
자본 분배	자본 조달
공사비	ECA 직접 대출
개발비	ECA Covered 상업 대출
우발 부채	MDB 직접 대출
건설중 이자비용	MDB 보증부 대출
금융비용	상업 대출
	VAT Facility
총 투자비용	운전지본 대출
	총 금융조달
부가세	
부채상환충당금	자기자본
운전자본	
총 요구 자본	총 자본 조달

재무제표 작성

대차대조표
(Balance Sheet)

손익계산서
(Income Statement)

현금흐름표
(St. of Cash Flow)

수익성 분석

√ NPV
√ Equity IRR
√ DSCR

표 18 _ 주요 수익성 평가지표

평가지표	내용
Net Present Value (순현재가치)	Cash Inflow의 현재가치 - Cash Outflow의 현재 가치
Internal Rate of Return(내부수익률)	Cash Inflow의 현재가치와 Cash Outflow의 현재가치가 동일하게 되는 수익률
Payback Period (투자회수기간)	투자금액을 회수하는 데 소요되는 기간으로 짧을수록 매력적인 사업으로 평가

별 국가·사업 리스크 및 적정 수익을 포함한 최저 투자수익률을 설정하고 F/S에서 산정된 IRR과 비교하여 투자를 결정하게 된다.

참고로 KIND는 2019년부터 국토교통부로부터 업무위탁을 받아 해외인프라 및 도시개발사업 투자개발을 위한 사업타당성조사 용역 자금을 지원하고 있다. KIND의 F/S 지원사업에는 국내 기업뿐만 아니라 각국의 정부가 한국 기업이 참여할 수 있는 투자개발형 사업에 대한 사업타당성조사도 지원 요청할 수 있도록 비공모 사업 선정 프로세스도 마련되어 있다. 2020년 현재 연간 예산은 약 74억 수준이나 투자개발형 사업에 대한 수요가 점증하고 있어 그 규모가 증가할 전망이며, 2021년에는 100억 원을 지원할 계획이다.

KIND는 2019년 2월 27일 국토교통부와 F/S 지원사업에 대한 위수탁계약을 체결한 이후 2019년에 16건, 2020년에 14건 등 30건의 해외개발사업에 대한 F/S를 지원했다. 30건의 프로젝트 중에는 방글라데시, 파라과이, 코스타리카, 미얀마 정부의 요청을 받아 한국 기업의 참여 가능성이 높은 프로젝트에 대한 G2G^{Government-to-Government} 베이스의 F/S 지원을 하기도 하였다. 최근에는 수출입은행도 유사한 F/S 지원 프로그램을 만들어 실시하기 시작했다.

　표 19는 KIND에서 국토부의 위탁을 받아 제공하고 있는 해외 인프라 및 도시개발사업 타당성조사 지원사업에 대한 설명이다.

표 19 _ KIND F/S 지원사업 개요

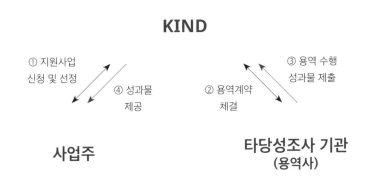

- 목 적 : 해외건설 사업자들의 초기 사업개발비 중 중요한 부분을 차지하는 타당성조사 비용 지원을 통해 해외 투자사업개발 활성화 추진
- 지원규모 : 사업별 10억 원 이내
- 조달방법 : 국가 계약법에 따라 일반경쟁입찰

04
사업구조화
(Deal Structuring)

선수 모으기

양질의 사업을 발굴하고 일련의 절차를 통해 사업의 타당성이 확인되면 사업개발의 본격적인 작업에 돌입하게 된다. 개발사업을 성사시키기 위해서는 Ⅰ장에서 언급했던 식스 이네이블러(사업주, 대주단, 원료공급자, 제품구매자, 시공자, O&M 계약자)를 갖추어야 한다. 한두 기업이 여섯 가지 역할을 다 할 수 없기 때문에 거기에 적합한 기업들을 파트너로 확보하는 사업구조화 작업이 진행되는 것이다.

평소 좋은 관계를 유지하고 해외개발사업에 대한 공감대를 갖고 있으면서 각 부문에 특화된 전문성을 가진 기업들을 모아야 하는데, 이게 말처럼 쉬운 것이 아니다. 국내뿐 아니라 해외에서도 파트너를 찾아야 하고, 실력 있는 선수들을 모으기도 쉽지 않지만 각 파트너들 간의 이해관계가 단순하지 않기 때문이다. 서로 다른 다양한 식스 이네이블러들이 공동으로 참여하는 이러한 사업개발 과정에는 각 이네이블러들 간 이해상충의 발생이 필연적이다. 따라서 이러한 이해상충을 최소화하는 조건으로 개발사업의 사업구조화가 이뤄져야 한다.

먼저 프로젝트의 리더십이 명확히 되어야 한다. 명확한 리더십을 기본으로 리더가 중심이 되어 프로젝트의 수익극대화라는 대전제 아래 최선의 협력방안이 도출되어야 하는 것이다.

일반적인 경우 재무적 투자자Financial Investor들은 SPC의 이익극대화를 통한 기업가치 극대화와 배당수익에 관심이 많고 원료공급자Feedstock Supplier, 제품구매자Product Offtaker, 시공사업자EPC Contractor, O&M 사업자O&M Contractor 등은 각자가 맡은 비즈니스에서의 이익극대화를 기대하는 경향이 있다. 따라서 사업의 가치 극대화라는 목표 아래 각 이해관계자Stakeholder들의 다양한 이해를 조정하는 작업이 필요하다.

여기서 간과하면 안 되는 것은 각 이해관계자들은 자신의 독자적인 이익을 추구하는 가운데 사업에 발생하는 리스크의 일정 부분을 맡는다는 점이다. 이를 잘 인식하고 각 이해관계자가 수익과 위험부담을 적정하게 분담하는 협의가 이뤄져야 할 것이다. 표 20은 사업개발 과정에서 각 이네이블러들의 기본적인 수익추구 분야와 수익모델을 분석한 내용이다. 이를 기본으로 사업의 성공을 위한 솔로몬의 지혜를 발휘해야 한다.

표 20 _ 사업개발 참여자들의 이해와 수익모델

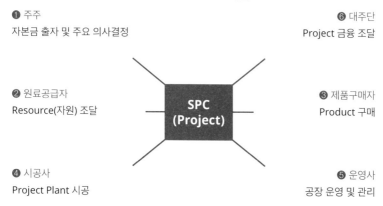

Six Enabler들의 역할

❶ 주주
자본금 출자 및 주요 의사결정

❻ 대주단
Project 금융 조달

❷ 원료공급자
Resource(자원) 조달

SPC (Project)

❸ 제품구매자
Product 구매

❹ 시공사
Project Plant 시공

❺ 운영사
공장 운영 및 관리

투자자들은 SPC 이익을 통한 배당 극대화를,
각 이해관계자들은 자체 Biz. 이익 극대화를 기대함

Enabler's Interests 및 Profit Model

Stakeholder		Key Interests	Profit Model
❶ Equity Investor	Developer	• 프로젝트의 수익성 확보를 통한 높은 Dev. Fee 및 지분 수익 기대	• Dev. Fee (TIC 3~5%) • Equity Dividends
	Strategic Investor	• Biz 참여를 위한 지분 매입으로 최소 수익률 수준 상회 기대	• Equity Dividends
	Financial Investor	• 시장 평균 이상의 높은 수익 기대	• Equity Dividends
❷ Feedstock Supplier		• 안정적이고 장기적인 수요처 확보	• Feedstock 판매(3~4%)
❸ Off-taker		• 소규모 투자로 안정적인 공급 물량 확보	• Trading 수익(3~4%)
❹ EPC Contractor		• EPC 기회 확보	• EPC 수익(EPC의 10~15%)
❺ O&M		• O&M 기회 확보	• O&M 수익(10~15%)
❻ Debt Lender		• 장기적인 Loan Biz	• Loan Interest(5~8%)
Local Government		• 적은 비용으로 기간산업 구축 및 국가경제 활성화	• 일부 Equity Dividends • 로열티

ferrovial

페로비알

페로비알은 1952년에 설립된 스페인의 대표적인 건설사로 철도 및 도로 건설에 강점을 갖고 개발사업에 주력해왔다. 1970년대 중남미 진출을 시작으로 1990년 미국, 캐나다 PPP 도로 사업에 본격 진출하기 시작하였고 2000년대 이후에는 사업의 전략방향을 운영사업으로 확장하고 있다. 현재 9개국에서 1500킬로미터의 도로를 운영하고 있으며 영국 히드로 공항을 포함한 4개 공항을 운영 중에 있다. 2019년도 페로비알의 운영사업 매출액은 6.3억 유로로 전체 매출의 약 10%가 조금 넘는 수준이지만 운영사업에서만 3.3억 유로의 영업이익을 기록해 회사의 가장 중요한 수익원 역할을 하고 있다.

페로비알의 사업전략은 건설업 중심에서 완공 후 운영 및 유지관리 사업으로 확대 중이며 미국 등 북미지역과 스페인어를 사용하는 동일언어권인 중남미시장에 집중하고 있다. 또한 투자개발사업 전문회사인 신트라 Cintra를 통해 금융역량을 확대하여 유료도로 사업을 육성하고 있다. 원가절감을 통한 수익성 제고와 혁신 및 기업가정신을 통해 글로벌 인재 양성에 힘쓰고 있다.

페로비알은 MRG/MTG(최소수입보장/최소교통량보장) 또는 AP Availability

Payment가 제공되는 시장은 경쟁이 치열해 레드 오션화될 가능성이 높다는 판단하에 시장 교통량을 정확히 예측할 수 있는 역량을 키워 후발 경쟁사가 따라올 수 없는 MRG 및 AP가 없는 사업에서 승부를 보겠다는 차별화된 목표를 갖고 있다.

2019년 맥쿼리, SK건설 등과 팀을 이뤄 영국의 실버타운 하저터널 프로젝트를 수주한 바 있다.

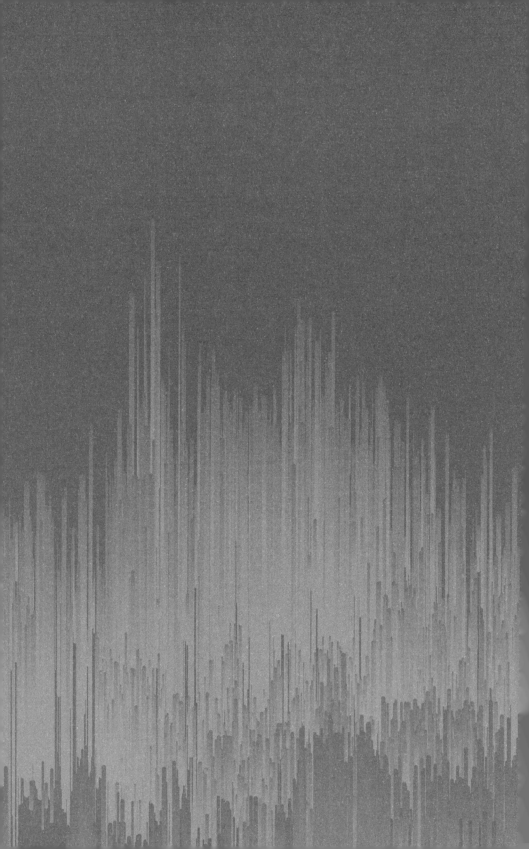

Ⅲ

해외개발사업
금융조달

01

프로젝트 파이낸스
(Project Finance)

해외개발사업 금융추진 절차

해외개발사업의 경우 사업주가 투자하는 자기자본^{Equity}은 보통 총 사업비의 20~50% 수준이다. 결국 절반 이상의 재원을 타인자본^{Debt}, 즉 대출이나 채권발행 등을 통하여 조달해야 한다. 통상적으로 해외개발사업에서의 타인자본 조달은 개발사업의 성패가 투자자인 스폰서그룹에 심각한 영향을 초래하지 않도록 비소구 방식의 프로젝트 파이낸스로 진행된다. 즉, 투자자들은 자신이 투자한 자본금 외에 추가로 투자사업에 대한 부담을 지지 않는 구조이다.

해외개발사업의 프로젝트 파이낸스는 무엇보다도 투자대상 국가의 정치적 위험$^{Political\ Risk}$을 회피하고 각국의 수출금융제도 를 활용하는 것이 금융을 안정적으로 확보하고 양질의 조건을 얻어내는 데 유리하다. 따라서 세계은행을 포함한 다자간개발은행 MDB: Multilateral Development Bank과 각국의 수출신용기관ECA: Export Credit Agency 등을 우선적으로 고려하며 금융구조를 도출해야 한다.

표 21은 해외개발사업 시 금융추진 절차를 프로젝트 파이낸스 단계별로 설명한 것이다. 내부검토 과정이나 사업구조화에 대한 부분은 앞에서 설명한 것과 동일하다. 그리고 본격적인 금융추진은 금융자문사FA: Financial Advisor의 선정으로 시작된다. 금융자문사와 기본적인 재무전략과 재무모델을 수립하고 잠재대주단을 구상하여 사업의 실사를 준비한다. 실사 과정에는 잠재대주단과 협의된 각종 자문단들이 참여하여 금융자문사의 지휘에 따라 각종 실사 과정의 결과로 사업설명서IM: Information Memorandum를 작성하게 된다. 그 후

표 21 _ 해외개발사업 시 금융추진 절차

내부 검토	Structuring	Financing
전략 국가 선택	주주협약 체결	FA 선정
개발 Partner 선정	Feedstock Supplier / Off-Taker 주선	Due Diligence
사업성 검토	실시협약	Info Memo 작성
투자를 위한 고려사항 점검	ECA/MLA 주선	대주단 모집
		Term sheet 협의 / Documentation
		약정 체결
		인출 선행 조건 충족

에는 IM을 활용하여 잠재대주단과 그들의 참여조건을 협의하고 확정시키는 지난한 여정이 진행되는 것이다.

프로젝트금융과 기업금융의 차이점

프로젝트 파이낸스PF: Project Finance는 기업금융CF: Corporate Finance에 상대되는 개념이다. 전력, 에너지, 교통, 통신, 석유화학 등 주요 사회간접자본의 개발을 위한 장기금융조달Long Term Financing 방식으로 1990년대 이후 지난 30년간 전 세계적으로 시장규모가 확대되고 있다. 표 22는 프로젝트 파이낸스와 기업금융을 비교한 표이다.

　　PF를 활용하는 사업은 사업주가 자본금과 PF 차입금으로 투자비를 조달한 후 개발, 설계, 시공, 운영을 통한 수익창출로 차입금을 상환하고 투자수익을 추구한다. 사업주의 신용보다 프로젝트 자산과 프로젝트로부터 창출되는 현금흐름만을 바탕으로 금융을 조달하므로 투자한 자본금 한도에서만 사업주가 책임을 지는 비소구 방식의 금융을 원칙으로 한다. 그러나 실제로는 사업주가 최소한의 추가적인 책임을 지는 제한적 소구 방식의 PF가 일반적이다.

표 22 _ 기업금융과 프로젝트금융 비교

기업금융 Corporate Finance	프로젝트금융 Project Finance
- 금융기관은 주로 사업주의 신용도를 고려하여 대출을 실행 - 차입금 상환재원은 기업 전체에서 발생하는 현금흐름 - 사업주가 프로젝트 위험을 모두 부담 - 금융승인까지 소요기간이 비교적 짧고 비용이 적게 듦	- 금융기관은 사업주의 신용도보다 프로젝트의 현금흐름을 중요시함 - 차입금 상환재원은 원칙적으로 해당 프로젝트에서 발생되는 현금흐름에 한정 - 금융기관과 사업주가 프로젝트 위험을 분담 Limited or Non-Recourse Financing - 금융승인까지 소요기간이 길고 비용이 많이 필요

02
프로젝트금융 조달처

다자간개발은행(MDB: Multilateral Development Bank)

다자간개발은행은 개도국 경제발전 지원을 위한 국제기구로, 주로 공공사업을 위한 원조 성격의 차관 지원을 목적으로 하고 있다. 이러한 양허성 자금 지원 외에도 각국 사회기반시설의 민영화 추세에 따라 민간사업에 대한 PF 방식 금융지원과 제도 컨설팅 지원 등을 통한 투자환경 구축, 거버넌스 개선 등 지원사업도 병행하고 있다.

MDB 금융의 주요 특징

- 개도국 대상 지분출자, 대출, 보증의 다양한 형태의 금융지원
- 프로젝트의 신인도 제고, 직/간접적으로 정치적 위험 경감, 상업은행 참여 유도, 정부와의 협상력 강화
- 심사 시 환경사회영향, 고용창출효과, 기술이전효과 등의 정책적 효과 검토

MDB는 다른 상업 금융기관과는 달리 신용도가 많이 떨어지는 후발개도국에 이르기까지 금융지원의 대상을 확대하고 정치적 리스크를 커버해주는 장점이 있는 반면에 금융추진 시 MDB들이 갖고 있는 다음과 같은 어려운 점들을 신중히 고려해야 한다.

- 각 기관별 성격에 따라 지원요건 및 요구사항 등이 상이
- 일반적으로 금리가 낮은 편은 아니며, 심사개시 관련 비용 Engagement Fee을 청구
- 금융지원 진행절차 및 요구사항 등에 대한 융통성Flexibility이 적음
- 환경·사회영향평가ESIA: Environmental and Social Impact Assessment에 대한 기준이 까다롭고 실사 등 금융확정까지의 시간이 오래 소요
- 배타적 권리 요구에 따른 타 대주단과의 이슈 사항 발생(우선 채권자 지위 등)

MDB들의 대표적인 지원상품은 다음과 같다.

- A Loan(대출), B Loan(협조융자), C Loan(준자본대출)
- Political Credit Guarantee 또는 Political Risk Guarantee

MDB 금융기관으로는 월드뱅크그룹이 대표적이며 각 지역별로 아시아의 ADB아시아개발은행, AIIB아시아인프라투자은행, 유럽의 EIB유럽

표 23 _ 월드뱅크그룹 금융기관 현황

기관명	설립목적	특징	설립연도	회원국 수
국제개발부흥은행 (IBRD)	전후복구 및 개도국 경제발전 지원	개발자금 지원기관	1945	189
국제개발협회 (IDA)	저소득 개도국 양허성 자금 지원		1960	173
국제금융공사 (IFC)	개도국 민간기업 투자 촉진		1956	184
다자보증보험기구 (MIGA)	대 개도국 투자 시 비상업적 위험 인수	보증기관	1988	181
국제투자분쟁 해결기구 (ICSID)	국제투자분쟁 조정 및 중재	조정·중재기관	1966	153

표 24 _ MIGA가 제공하는 PRI 주요 내용

Items	Contents
보험 대상	지분투자, 주주대여금, 대출, 지급보증
보험 범위	Currency Inconvertibility & Transfer Restriction (환전 및 송금 위험)
	Expropriation (몰수 위험)
	War and Civil Disturbance (전쟁, 테러 및 내란)
	Breach of Contract (계약 불이행)
	Non-honoring of Sovereign Financial Obligation (국가의 채무불이행)
보험료	국가별 금리 상이 (OECD 기준 적용)
보험 한도	지분투자 : 90%, 대출금 : 95% 프로젝트당 $2.2억
보험 기간	최저 3년 ~ 최대 20년

투자은행, EBRD유럽개발부흥은행, 아프리카의 AfDB아프리카개발은행, 미주의 IDB미주개발은행, CAF중남미개발은행, CABEI중미경제통합은행 등이 있다.

표 23은 월드뱅크그룹의 금융기관 현황이다. 5개 월드뱅크그룹 기관들의 대표(총재)는 동일인이며 IFC와 MIGA는 별도의 부총재 겸 CEO를 두고 있다. 2차대전 종전 직전 전후 세계경제의 운영 기준을 만들었던 브레튼우즈협약 이후 월드뱅크 총재는 미국, IMF 총재는 프랑스에서 맡고 있다.

표 24는 MIGA가 제공하는 정치적 위험에 대한 보험PRI: Political Risk Insurance을 설명한 자료이다.

수출신용기관(ECA: Export Credit Agency)

일반적으로 ECA 또는 ECU로 알려진 수출신용기관은 해외 개발도상국과 신흥시장에서 사업을 하고자 하는 자국 기업에 정부지원 대출, 보증 및 보험을 제공하는 공공기관이다. 대부분의 선진국에는 하나 이상의 ECA가 있지만 프로젝트 개발에 필요한 장기금융을 제공할 수 있는 ECA는 한국, 미국, 일본, 중국 및 유럽 몇 개국을 포함한 열 개 나라 정도로 판단된다.

다음은 ECA 금융의 주요 특징이다.

- 자국 수출거래 증진을 통해 외화획득, 고용창출을 목적으로 하는 프로젝트의 지원(수출금융, Export Credit 또는 Tied Finance)
- OECD 회원국은 OECD 수출신용협약에 따른 제약 발생(협약을 준수하는 정책금융 지원은 WTO 보조금 미해당)
- 수출금융은 수입국의 공적 채무Public Debt로 구분
- 대출 위주 : K-EXIM, JBIC, US-EXIM 등
  보증보험 위주 : K-SURE, NEXI, COFACE, Hermes, SACE 등
- 소재국 정부의 신용도에 따라 시장에서의 위험수준 상이, 최근 전통적인 수출금융 외의 PF에도 활발히 참여 중
- OECD 가이드라인에 의한 ECA 금융지원 규모는 총계약을 대상으로 오프쇼어Offshore(현지에서 발생하지 않는 본국 및 제3국 수출액의 합) 해당금액의 85%와 오프쇼어 해당분의 35% 범위를 한도로 한 온쇼어Onshore 해당금액 합계를 한도로 한다.

표 25 _ 한국 ECA 금융지원 조건

	KEXIM	**K-SURE**	**해외사업금융**
지원조건	한국 기업의 수출 *한국 콘텐츠 25% 이상		한국 기업의 투자 *한국 콘텐츠 30% 이상
금액 한도	한국 콘텐츠의 200% (Offshore의 85%)	OECD 기준	전체 PF의 50%
금리	OECD 기준	MPR + 상업대출 이자율	Libor + Margin
기간	- 거치기간 : EPC Period - 상환기간 : 최장 14년 (국 別, Product 別 상이)		최장 25년
지원방식	- 대출 : 55% - 보증 : 45%	Comprehensive Risk Cover 정치적 위험+상업 위험	- 대출 : 55% - 보증 : 45%

※ MPR : Minimum Premium Rate, 최소보험료율

표 25는 한국 ECA들을 기준으로 본 ECA 금융지원 조건들이다.

기타 금융조달처

해외개발사업을 위한 금융조달처로는 MDB와 ECA 외에도 다음과 같은 금융기관들이 있다.

국제 상업은행

- 종류 : 유럽계(CA-CIB, HSBC, SCB, SocGen, BNP 등), 일본계(SMBC, BTMU 등), 중국계(ICBC, BOC 등)
- 효과 : 유동성 풍부(특히 ECA 커버 있는 경우), 달러 대출에 유

리, 신디케이션 역량 등

- 단점 : 개발도상국 고위험 사업에 대한 참여 회피, 프로젝트 성격에 따른 큰 금리 차이

현지 상업은행

- 현지통화 소요비용 조달
- 단점 : 높은 조달비용, 시장 유동성 제한
- 정치적 리스크에 둔감, 프로젝트 사후관리에 기여, 환리스크 해결 가능

기타

- 리스(운영리스, 재무리스), 사회간접자본기금, 연기금 활용, 프로젝트 본드 발행 등

금융계약의 종류

프로젝트 추진을 위한 금융을 완료하기 위해서는 다양한 금융약정이 필요하다. 표 26은 프로젝트 파이낸스 시 체결해야 할 일반적인 금융계약의 내용이다.

　PF 금융약정이 실행되기 위하여는 사업에 관련된 각종 계약 (원료공급, 제품판매, EPC 계약, O&M 계약 등)과 주주협약Shareholders' Agreement이 우선적으로 완료되어야 한다.

표 26 _ PF 금융계약의 종류

금융계약	내용
Common Terms Agreement	• 금융 약정의 주요 Terms & Conditions
Facility Agreement	• 개별 Trench 별 주요 Terms & Conditions
Inter-creditor Deed	• 대주단 간의 의결권 행사 및 담보권 규정
Shareholder Undertaking	• 주주/사업주의 의무 규정(자본금의 납입, 지분율 유지, 자금보충의무 등)
Hedge Agreement	• IRS(Interest Rate Swap)
Security Trust Deed	• 담보(Security Package) 약정 　- 저당권(Mortgage) 사업 목적물 　- 양도(Assignment) 사업 약정의 권리 양도 　- 질권(Charge) 주식, 프로젝트 계좌, 보험

프로젝트 파이낸스 추진 시 리스크관리

프로젝트 파이낸스 추진을 위해서는 프로젝트에 관련된 각종 위험 요소들이 잘 파악되고 그에 대한 대응방안들이 체계적으로 점검되어야 한다. 듀 딜리전스의 전 과정을 통해 최종 완성된 사업설명서를 통해 프로젝트 실행 국가의 정치적 위험, 스폰서그룹의 신인도, 역량, 사업구조와 사업을 둘러싼 경영여건 및 실행을 위한 제반요소가 점검되어야 한다.

　다음은 사업타당성조사와 금융실사 과정에서 점검하고 대응책을 마련해야 할 각종 위험요소를 나열한 것이다.

사업구조화(Project Structuring)

- 프로젝트 회사의 구조
- 이해당사자 구조
- 자금조달원
- 위험 분담의 원칙

프로젝트 리스크 분석

- 정치적 위험(Political Risk)
- 신용 위험(Credit Risk)
- 완공 위험(Completion Risk)
- 원료공급 위험(Supply Risk)
- 시장 위험(Market Risk)
- 운영 위험(Operation Risk)
- 환경 위험(Environmental Risk)
- 불가항력 위험(Force Majeure Risk)

미래 현금흐름에 대한 리스크 분석

- 재무모델 수립(Financial Modeling)
- 현금흐름 분석
- 경제성 분석
- 민감도 분석

검토해야 할 계약 및 문서들

- 금융 텀시트Term Sheet

- 프로젝트 계약서

  합작투자 계약서, 실시협약, 건설EPC 계약, 운영O&M 계약, 원

  료공급 계약, 제품판매 계약, 토지 약정 및 등기, 보험 계약

- 각종 금융 계약서(표 26 참조)

03

ODA 활용방안

우리나라 ODA 현황

공적개발원조ODA: Official Development Assistance란 선진국의 정부 또는 공공기관이 개발도상국의 경제사회 발전과 복지 증진을 목적으로 개도국 및 국제기구에 공여하는 증여Grant 및 양허성 차관Concessional Loan을 말한다. 상환조건 없이 제공되는 증여는 무상원조라 하고 상환조건이 있는 경우 유상원조라 한다.

우리나라는 개도국에 대한 양허성 차관을 지원하기 위해 1987년부터 정부가 출연하여 한국수출입은행에 대외경제협력기금EDCF: Economic Development Cooperation Fund을 설치하고 유상협력을 집행하고 있다. 또 1991년 외교부 산하기관으로 한국국제협력단KOICA: Korea International Cooperation Agency을 통해 무상협력 사업을 실행하고 있다.

2020년 현재 우리나라의 ODA 규모는 총 3.4조 원으로 국민총소득^{GNI} 대비 0.15% 수준이며 2030년까지 0.3% 수준으로 확대할 계획이라 ODA의 빠른 증가가 예정되어 있다. 우리나라는 제2차 국제개발협력 기본계획에 의거, 유상 : 무상 ODA를 40 : 60으로 유지하고 있다. 현재 유상 ODA 1.4조 원을 기재부에서 수행하고 있고 양자 무상 ODA 2.0조 원은 KOICA, 외교부 및 여러 부처, 기관에서 나눠 집행하고 있다.

최근에는 ODA가 단순한 원조에서 벗어나 선진 각국의 인프라 시장 동반진출의 수단으로 활용되어 사업수주로 연계되는 추세이나 우리나라의 경우 아직 ODA를 활용한 실제 사업 연계는 미흡한 실정이다.

대부분의 ODA 수요가 각국 정부 및 각 기관에 분산되어 바텀업 $^{Bottom-up}$ 방식으로 이뤄지고 있어 정책과의 연계성 확보 및 후속사업으로 연결이 치밀하게 고려되고 있지 않기 때문이다. 현재의 계획대로라면 2030년 이후에는 연간 10조 원에 가까운 ODA를 지원할 것으로 예상되는데 인프라사업 중심으로 우리 기업들의 해외사업개발과 연계하여 시너지 효과를 만들 수 있도록 체계적이고 정교한 준비가 필요할 것이다.

대외경제협력기금
(EDCF: Economic Development Cooperation Fund)

EDCF는 우리나라 정부가 개발도상국의 경제발전과 우리나라와의 경제협력을 증진하기 위해 정부 차원에서 제공하는 ODA 자금이다. 1987년 대외경제협력기금법이 제정되어 기획재정부가 주관하며 한국수출입은행에 위탁하여 운용 중이다. 지난 2019년 말까지 57개국 446개 사업에 총 20.5조 원의 지원을 승인했다. 최근에는 연 3조 원 승인과 1조 원 이상 집행을 목표로 그 지원규모를 확대하고 있다.

EDCF 차관의 주요 금융 조건을 살펴보면,

- 융자한도 : 총사업비 범위 내
- 이자율 : 연 0.01~2.5%(5개 그룹으로 구분)
- 상환기간 : 최장 40년 이내
- 거치기간 : 최장 15년 이내
- 담보 : 중앙정부(중앙은행) 또는 국제개발기구의 보증 등으로 매우 파격적인 조건으로 지원하고 있다.

EDCF 차관은 개발도상국의 경제발전을 위해 경제성이 부족한 인프라건설 등 국가적으로 필요한 사업에 양질의 자금을 개도국 정부 또는 공공기관에 제안하는 것을 원칙으로 하고 있다. 따라서 표면적으로는 이 책에서 우리가 논하고 있는 상업적인 투자개발사업에는 해당이 안 되는 것으로 보인다.

그러나 발상의 전환을 통해 잘 활용하면 EDCF 차관도 설립취지에 맞는 역할을 충실히 이행하면서 민간 상업 프로젝트와 협력을 통해 시너지 효과를 발생시켰던 사례가 있으며 더 많은 성공사례를 위해 노력 중이다. 우리나라뿐 아니라 일본, 중국 등 해외개발사업의 경쟁국들도 공적 원조를 PPP 등 상업 프로젝트에 잘 적용하여 사업성을 제고하고 수주경쟁력을 발휘하고 있어 이에 대한 선제적인 대응이 매우 중요한 상황이다.

우리나라 EDCF를 해외개발사업에 잘 적용한 대표적인 예가 SK건설과 서부발전이 추진해서 현재 운영 중인 라오스 세피안-세남노이 수력발전 프로젝트이다. 2010년경 한국 사업주를 포함한 스폰서그룹은 라오스 정부로부터 사업권에 대한 기본승인을 받았는데, 승인 조건 중 하나가 프로젝트 SPC의 지분 중 일부(24%)를 라오투자공사LHSE: Lao Holdings State Enterprise에게 할애해주되 라오스 정부가 투자할 재원을 스폰서그룹이 주선해주는 조건이었다.

당시 SK건설의 PF 실장이었던 필자는 국제금융공사IFC와 아시아개발은행ADB 등과 협상을 통해 라오스 정부의 투자자금 대출에 대한 조건을 받아 라오스 정부와 협의했으나 라오스 정부는 별로 탐탁하게 생각하지 않았다. 일단 금리 수준이 높다는 것이었고, 속으로는 그러한 차관을 통해 IFC나 ADB가 SPC 경영 및 라오스 정부의 활동에 간섭하는 것을 꺼리는 느낌도 있었다. 그러던 중 해당 사업의 PF 참여를 검토하던 수출입은행 측으로부터 EDCF를 활용하는 방안에 대해 조언을 받았다. EDCF는 라오스 정부에 차관을 제공하고 라오스 정부는 그 차관을 재원으로 라오투자공사에 출자하여 프로젝트 SPC의 재원을 마련해주는 다소 복잡한 구도였다.

수년간 여러 차례의 협상과 양국 정부의 복잡한 승인 과정을 거쳐 라오스 정부에 대한 차관 8000만 달러가 승인되었다. 물론 라오스 수력발전 프로젝트가 공사 막바지에 사고가 나서 인명피해 등이 발생하고 많은 국민들을 걱정시켜드렸지만 2018년 말 완공되어 현재 잘 운영 중인 상황을 볼 때 EDCF가 사업의 성공을 위해 결정적인 역할을 했다고 자부하고 있다.

지금까지 개발된 EDCF의 해외개발사업 활용방안은 세 가지 정도이다.

- 수원국 정부가 EDCF 차관을 활용하여 공기업을 통해 SPC에 출자
- 수원국 정부가 EDCF를 재원으로 정부기관을 통해 SPC에 대출자로 참여
- 수원국 정부가 EDCF를 재원으로 사업성이 부족한 프로젝트에 건설보조금VGF을 제공하는 방법

아직까지는 다양한 사례가 부족한 편이나 정부와 수은, KIND가 민간기업들과 머리를 맞대고 연구를 하면 더 많은 기회를 발견할 수 있으리라 기대한다. 다음은 지금까지 활용되었던 세 가지 방법에 대한 설명이다.

Case 1 _ 수원국 정부가 공기업을 통해 SPC에 참여하는 출자금에 대한 차관(라오스 세피안-세남노이 수력발전 프로젝트)

이미 앞에서 설명한 내용이다. 우리 정부가 라오스 재무부에 EDCF를 제공하고 라오스 재무부는 이를 공기업인 LHSE를 통해 프로젝트 회사인 PNPC에 자본금으로 출자한 경우이다.

효과

- 현지 정부의 출자배당금 수취로 인한 국고에 경제적인 이득 확보
- 한국 사업주는 자본금 출자 부담을 줄일 수 있으며, 대주단 측은 정부기관이 출자자로 참여하는 것에 대해 사업의 안정성을 높게 평가

Case 2 _ 수원국 정부가 정부기관을 통해 대출자로 참여할 수 있도록 차관 제공(솔로몬제도 티나 수력발전 프로젝트)

한국 정부가 EDCF를 솔로몬 정부에 제공하고 솔로몬 정부가 이를 자본금이 아닌 대출로 프로젝트 회사에 제공한 경우이다. 솔로몬 정부는 EDCF의 양호한 조건을 토대로 저리의 금융을 제공할 수 있었고, 사업에는 대주단의 일원으로 참여하는 구조이다.

효과

- 현지 정부가 대주단의 일원으로 참여하여 저리의 금융대출을

제공함 ↔ VGF와의 차이는 SPC로부터 상환받은 원리금을 유
상차관 상환에 사용
- 저리의 타인자본 조달을 통한 이용요금 혹은 정부 부담금 감소
효과

Case 3 _ 수원국 정부가 SPC에 제공하는 건설보조금에 대한 차관
을 제공하는 방법

이 경우는 수원국 정부가 EDCF 차관을 받아 목적사업에 건설보조
금으로 제공하는 경우이다. 따라서 수원국이 채무의 상환의무를 갖
는 대신 사업의 수익성을 높여 실행 가능하게 만들고 정부의 장기
적인 부담을 축소하는 전략이다.

효과

- 총민간투자비 감소 : 출자금 및 타인자본 조달 금액이 감소됨
으로 인한 정부 측 혹은 이용자의 부담이 줄어들게 됨
- AP^{Availability Payment} 방식 : 정부의 연간 지출액 감소를 통한 예
산 절감(전력사업 : kW당 단가 줄임 / 교통분야 : 이용자의 부담 감소)

Case 3의 경우 미얀마 양곤 고가고속도로 사업 등에서 검토되었
으나 현실화되지는 못했고, 최근 코스타리카 산호세 광역철도 사업
에서 비슷한 논의가 진행 중이다.
그 밖에 한국수출입은행은 EDCF 외에도 경협증진자금^{EDPF:}

Economic Development Promotion Facility이라는 새로운 프로그램을 통해, EDCF 수준의 파격적인 금융조건을 제공하지는 못하나 일반 프로젝트금융보다는 많이 양호한 조건으로 해외개발사업의 금융 경쟁력을 제고하는 방법을 도입하여 활용 중이다.

맥쿼리

맥쿼리는 1969년 호주에서 머천트 은행으로 그 영업을 시작하였다. 1990년 호주의 SOC 민영화 및 강제 퇴직연금제도 도입 환경에 맞춰 인프라사업 모델인 '맥쿼리 모델'을 제시하며 본격적으로 인프라 개발/운영 시장에 뛰어들었다. 맥쿼리 모델이란 정부로부터 SOC 공공자산을 인수하여 통행료 등의 안정적인 운용수익을 시현하다가 IPO^Initial Public Offering, 기업공개를 통해 매각하여 투자비를 회수하는 방식이다.

2000년 이후 맥쿼리는 에너지 트레이딩, 신재생에너지 투자 등으로 사업을 확장하여 투자은행IB: Investment Bank으로서의 위상을 강화했다. 맥쿼리의 주된 사업분야는 인프라펀드, 금융자문/주선 및 은행, 보험, 주식, 채권 등으로, 다양한 금융사업을 통해 세계 31개국에서 인프라, 부동산, 농장, 신재생에너지 등 500여 개의 자산에 투자하고 있다. 2019년 총운용자산 3677억 달러(약 400조 원)를 통해 84억 달러의 영업이익과 18.6억 달러의 당기 순이익을 기록했다.

맥쿼리는 인프라펀드와 같은 차별화된 사업모델과 틈새시장을 공략하고, 신시장 진출 초기에는 사업규모를 한정하고 성과에 따라 사업 확대 및 철수를 결정하는 전략을 활용하였다. "Freedom within Boundaries"라는 자유로운 사업방식과 철저한 리스크관리가 공존하는 기업문화를 지향하고, 모든 의사결정을 상향식Bottom-Up으로 진행하며 임직원이 직접 사업개발에 참여하고 철저한 성과 위주의 보상체계를 운영하고 있다.

 맥쿼리는 한국의 PPP 사업에도 적극 뛰어들어 인천대교, 부산신항만, 천안-논산 고속도로 등의 사업에 참여하였으며 호주 뉴캐슬 항만, 영국 판보로 공항, 미국 롱비치 컨테이너 터미널 등을 대표적인 포트폴리오로 갖고 있다.

IV

우리 기업들의
해외개발사업 추진현황

01

본격적이고 체계적인
사업의 시작

대표선수 등장

과거에도 우리 기업들의 건설이 수반된 해외개발사업이 없지는 않았으나 각 기업 단위로 명확한 사업전략을 갖고 체계적인 형태로 실행된 해외사업개발은 2000년대 후반 리만 브라더스 금융위기를 전후하여 본격화되었다. 그 이전 대우인터내셔널의 미얀마 쉐 가스전 개발, 같은 대우그룹의 베트남 THT 부동산개발(스타레이크 프로젝트) 및 한국전력의 필리핀 발전사업 개발 등과 같이 단발성 사업 추진에서 벗어나 본격적이고 체계적인 사업개발이 추진된 것이다.

몇몇 앞선 기업들이 해외사업개발 조직을 만들어 집중적으로 사업개발에 전념하게 되었다. 우연이든 필연이든 각 기업군별로 하나

씩의 해외개발사업의 대표사가 나타나게 되었는데 그 면면을 보면 다음과 같다.

- 종합상사 - 삼성물산
- 에너지 공기업 - 한국전력공사
- 인프라 공기업 - 한국수자원공사
- 건설회사 - SK건설

이러한 기업들은 해외사업개발을 위한 사업개발 조직과 함께 프로젝트금융팀과 해외법무팀을 설립하여 해외사업개발을 추진하기 위한 전문성을 확보하였으며, 동시에 해외 네트워크를 통한 사업정보 수집과 유력한 파트너를 찾는 작업들이 진행되었다.

여담으로 2018년 KIND가 처음 설립될 때 공모로 선발된 KIND의 사장/임원진과 주요 부서장들이 4개 회사 출신이 많다는 점은 결코 우연이 아니었다는 생각이 든다.

다행스럽게도 4개 회사가 해외사업을 본격적으로 추진하던 시기에 한국수출입은행과 한국무역보험공사가 중장기 해외 PF 금융에 적극적으로 참여하기 시작하면서 해외사업개발에 대한 중요한 지원 기반이 같이 마련되었다.

앞에서 언급한 네 회사의 공통점은 별도의 전문화된 조직을 운영했다는 점과 함께 동시에 여러 프로젝트의 개발을 추진하고 여러 개의 개발 성공사례를 만들어냈다는 점이다. 각 회사별로 주요 성공사례들을 정리해보자.

> **해외개발사업 성공사례**
>
> 한국전력 : 필리핀 일리한 복합화력, 세부 석탄화력, 멕시코 노르테 2 복합화
> 력, UAE 슈웨이핫 복합화력, 바라카 원전 등
> 삼성물산 : 사우디 쿠라야 복합화력, 칠레 켈라 복합화력, 캐나다 온타리오
> 풍력, 멕시코 만자니오 LNG 터미널, 바레인 LNG 터미널 등
> SK건설 : 싱가포르 주롱 아로마틱스 석유화학, 터키 유라시아 해저터널, 라
> 오스 세피안-세남노이 수력발전 등
> 한국수자원공사 : 파키스탄 파트린드 수력발전, 필리핀 앙갓댐 발전설비, 조
> 지아 넨스크라 수력발전

시장의 변화

그 후에 중부발전 등 여러 발전 공기업들이 적극적으로 해외 IPP
Independent Power Producer, 민자발전사업 사업에 참여하여 한국전력과 함께
에너지 공기업들의 해외개발사업이 활성화되기 시작했다. 반면에
초기에 적극적이던 건설회사들의 해외개발사업에 대한 참여는 줄
어들었다. 앞에서도 언급했지만 주요 대형건설사들이 중동시장에
서 대규모 손실을 기록하면서 해외사업의 의지가 많이 약화되었고
때맞춰 나타난 국내 부동산경기의 호황으로 상대적으로 리스크가
큰 해외개발사업에 주력하기 어려워진 것으로 보인다.

그러나 최근에는 대형건설사들을 중심으로 해외개발사업에 관
심을 갖고 조직을 정비하며 체계적으로 사업참여를 준비하는 회사
들이 늘고 있다. 해외시장에서의 수주경쟁력이 점차 하락하고 있으

며 국내 부동산경기의 정체로 더 이상 안정적인 수익을 누리기 어려워진 까닭이다. 또한 국내 자산운용시장의 넘치는 유동성을 중심으로 해외 부동산시장 등에 대한 관심이 증가하면서 중견기업들의 해외 도시개발사업에 대한 관심도 늘고 있다. 동시에 국토교통부 주도로 해외사업개발을 전문적으로 지원하는 기관인 한국해외인프라도시개발지원공사KIND가 설립된 것도 해외개발사업 추진에 주저하던 기업들에게 해외사업 추진 시 의지할 수 있는 좋은 수단을 제공한 것으로 평가되고 있다.

한편 에너지 공기업들은 세계적인 친환경에너지 트렌드에 따라 기존의 석탄, 가스복합 등 화석연료를 사용한 화력발전 중심의 해외사업개발에서 그 폭을 넓혀 태양광, 풍력 등 신재생에너지 중심의 사업개발을 늘려가고 있다. 과거 활발한 사업개발을 추진하였던 무역상사들은 계속된 구조조정과 지주회사 전환 등의 이슈로 과거만큼 활발하게 사업개발을 진행하지는 못하고 있는 실정이다.

02

해외사업을 개척한
대표주자들은 누구?

건설회사

대표적인 해외개발사업 참여자로는 SK건설과 삼성물산 건설부문을 꼽을 수 있다.

SK건설

SK건설은 2006년부터 "토털 솔루션 프로바이더Total Solution Provider"라는 전략을 수립하고 단순 시공사업이 아닌 시공사 금융주선형 프로젝트 및 투자개발사업의 기회를 모색해왔다. 약 5년여의 노력 끝에 2011년부터 싱가포르 주롱 아로마틱스, 터키 유라시아 해저터널, 라오스 세피안-세남노이 수력발전 등 매년 굵직한 해외개발사업들을 성사시켰고, 이는 국내 건설업계의 대표적인 해외개발사업으로 부각되었다. 2015년 이후에는 해외사업개발의 목표를 교통인 프라 사업에 집중하여 카자흐스탄 알마티 순환도로, 터키 차나칼레 대교 및 영국 런던의 실버타운 터널 사업 수주로 이어지고 있다.

삼성물산

삼성물산은 한 회사 내에 상사부문과 건설부문이 있어 때로는 같이 협력하기도 하지만 독립된 전략을 가지고 해외개발사업을 추진해 왔다. 삼성은 세계적인 메이저 디벨로퍼들과의 전략적 협업을 통해 적은 지분을 참여하면서 EPC 일감을 확보하는 전략으로 사우디아 라비아의 쿠라야 복합화력, 라빅 2 복합화력, 터키 키르칼레 복합화 력 및 가지안텝 병원 등의 프로젝트를 성사시켰다. 이 과정에서 아 크와ACWA나 살리니-임프레질로Salini-Impregilo 등과 같은 글로벌 플레 이어들과의 협력을 이뤄내었다.

대우건설

대우건설은 약 20년에 걸친 노력 끝에 베트남 THT 신도시 사업(스 타레이크 프로젝트)을 성사시켰으며 수자원공사와 파키스탄 파트린 드 수력발전 사업에도 참여했다. 최근에는 KIND가 추진하고 있는 한/방글라데시 조인트 플랫폼Joint Platform, 공동협의체을 활용하여 방글 라데시에 메그나 대교 사업을 추진 중이다.

대림산업, 포스코건설, 현대엔지니어링, GS건설

대림산업은 남동발전과 파키스탄의 굴푸르 수력발전, SK건설과 터키 차나칼레 대교 사업에 참여했다. 포스코건설은 중부발전과 협력하여 인도네시아의 왐푸 수력발전, 땅가무스 수력발전 등에 참여했고 필리핀 클락힐스, 미얀마 양곤 아마라 호텔 등의 실적을 갖고 있

표 27 _ 국내 주요 건설사 해외개발사업 추진현황

건설사	Project	비고
SK건설	- Jurong Aromatics - Eurasia Subsea Tunnel - Xe-Pian Xe-Namnoy Hydropower - Big Almaty Ring Road - Canakalle Bridge - Silvertown Tunnel	- 2008년 이후 'Total Solution Provider' 전략 추진 - 화공/발전/인프라 등 다양한 포트폴리오 구성 - 라오스 프로젝트 사고 이후 도로(Toll) 사업에 집중
삼성물산 (건설부문)	- Qurayyah CCPP - Rabigh 2 IPP - Kirikalle CCPP - Gaziantep Hospital	- EPC 수주를 위한 최소한의 지분 투자 전략 - 메이저 디벨로퍼와 파트너링 발전/병원 프로젝트 등 수행
대우건설	- Starlake Complex - Patrind 수력발전	- 20년간의 노력으로 베트남 Starlake 성사 - EPC 수주를 위한 제한적 투자 참여
포스코건설	- Wampu 수력발전 - Tanggamus 수력발전 - 양곤 아마라 호텔 - 더샵 클락힐스	- EPC 수주를 위한 제한적 참여
대림산업	- Gulpur 수력발전 - Canakalle Bridge	- 제한적 범위 내에서 선별적인 투자 프로젝트 참여
GS건설	- 인도 태양광 - Nabe 신도시	- 풍부한 유동성을 바탕으로 해외사업 적극 추진 - 베트남 신도시, 호주 교통인프라 및 다양한 화공/발전 등
롯데건설	- Gulpur 수력발전 - 선양 Lotte World	- 그룹 차원의 다양한 콘텐츠와 연계한 사업 추진 - 제한된 범위 내에서 선별적 투자
현대ENG.	- Poland Polimery Police PDH/PP - 솔로몬 Tina 수력발전	- 사업다각화 차원에서 투자개발형 사업 적극 추진
삼성ENG.	- Muharraq 하수처리장	- EPC 경쟁력 확보를 통한 EPC 프로젝트 수주에 집중

으며, 삼성엔지니어링 및 롯데건설 등이 제한적으로 해외개발사업 참여 실적을 갖고 있다.

최근에는 현대엔지니어링과 GS건설이 조직을 개편하고 해외개발사업에 대한 적극적인 참여를 시도하고 있다. 현대엔지니어링은 KIND와 협력하여 폴란드 폴리머리 폴리체 석유화학 사업을 성사시키고 최근 중남미 등의 철도 PPP 사업을 추진 중이다. GS건설은 호주 인프라시장에 꾸준히 도전하고 있으며 베트남 나베 신도시 프로젝트도 추진하고 있다.

그동안 EPC 경쟁력 강화에 주력하여 투자개발형 사업에 덜 적극적이었던 현대건설과 삼성엔지니어링도 점진적으로 해외사업개발 기회를 모색하고 있다.

무역상사, 에너지 디벨로퍼

80년대 이후 일본의 5대 종합상사를 비롯한 무역회사들이 IPP를 중심으로 디벨로퍼로의 성공적인 변신을 한 것을 모델로 하여 국내 무역상사들도 해외개발사업을 꾸준히 추진하였으나 그렇게 많은 성공사례를 만들어내지는 못하였다. 대우인터내셔널(現 포스코인터내셔널)의 미얀마 쉐 가스전 개발의 대형 성공사례가 있었고 LG인터내셔널, SK네트웍스 등은 해외 자원개발 사업에 참여하였으나 큰 성공을 거두지 못하였다. 반면 삼성물산 상사부문은 다양한 분야의 해외개발사업을 추진하였다.

삼성물산, GS글로벌

IPP 분야에서는 칠레 켈라 복합화력, 캐나다 온타리오 풍력, 멕시코의 만자니오 LNG 터미널, 바레인 LNG 인수기지 사업 등을 성사시켰으며, 카자흐스탄의 발하쉬 석탄화력은 국가간협약으로 수년간 본격 추진하였으나 카작 정부와의 실시협약Concession Agreement에 최종적으로 합의하지 못함으로써 철수하기도 하였다. 그 밖에 GS글로벌도 발전/에너지 부문을 중심으로 스리랑카 등에 해외개발사업을 추진하고 있다.

대림에너지

최근에는 IPP를 전문으로 추진하는 에너지 디벨로퍼들의 활동이 활발해지고 있다. 대림에너지는 설립 초기부터 공격적인 투자로 호주 석탄화력, 요르단 풍력, 미국 복합화력 및 다수의 태양광 사업 등에 투자하고 있으며 방글라데시 최대 IPP 플레이어인 서밋Summit 그룹과의 전략적 제휴를 이루어내기도 하였다.

한화에너지, 포스코에너지

한화에너지는 태양광 중심의 해외개발사업을 추진하면서 한화그룹 차원으로 "소재-모듈-EPC-운영의 밸류체인 확보"라는 원대한 목표를 향해 나아가고 있다. 미국, 일본, 인도 등지에서 다수의 태양광 프로젝트를 성사시켰으며 ESSEnergy Storage System, 에너지저장장치, 복합화력 등으로 사업분야를 확대해가고 있다. 포스코에너지도 미국 AES와 협력한 베트남 몽중 2 석탄화력, 인도네시아의 끄라카타우

부생가스 발전사업 등에 참여했다.

에너지사들의 해외사업개발은 IPP 디벨로퍼로서의 입장에서 사업을 전개하고 있고 최근에는 신재생에너지에 대한 투자가 늘고 있는 상황이라 한국 EPC의 참여가 쉽지 않다는 게 아쉬운 점이다. 국

표 28 _ 국내 무역상사, 디벨로퍼사(社)들의 해외개발사업 추진현황

회사명	Project	비고
삼성물산 (상사부문)	- Kelar CCPP - Norte 2 CCPP - Bahrain LNG 인수기지 - 온타리오 풍력 - Manjanillo LNG 터미널 - 호주 빅토리아 담수	- 발전 및 LNG 중심으로 해외개발사업 추진 → 지주사 전환 이후 개발사업 축소 경향
포스코대우	- 미얀마 LNG 광구 - 미얀마 롯데 호텔 - Papua Diesel Power	- 천연 Gas 등 자원개발 실적 보유 - 최근 발전 IPP 사업 기회 모색
LG상사	- Hasang 수력 - Uwei 석탄화력 - GAM 석탄 광산 - 인니 Palm 농장	- 자원개발, Trading 차원에서 해외개발사업 참여
GS글로벌	- BSSR 석탄광 사업	- 스리랑카 등에서 제안형 사업 추진 - 발전 사업부터 시작하여 에너지 부문 전체로 확대
대림에너지	- 호주 밀머란 CFPP - 미국 Niles CCPP - 파키스탄 Hawa 풍력, Metro 풍력 - 요르단 Tafila 풍력 - 칠레 태양광	- 다양한 IPP 추진하며, EPC는 입찰로 선정 - 기대 E-IRR 수준이 높음 - 방글라데시 Summit 그룹과 전략적 제휴
포스코 에너지	- Krakatau 부생가스발전 - Mong Duong 2 CFPP	- 신중한 해외사업 추진 - Gas to Power Value Chain에 관심
한화에너지	- 미국 Midway 태양광 - 일본 Oita 태양광 - 인도 Punjab 태양광	- 태양광 중심, ESS 및 복합화력 포함 - 그룹 차원의 소재-모듈-EPC-운영의 Value Chain 확보
SK E&S	- 미국 Freeport LNG	- 국내 복합화력 IPP의 최강자로 해외사업 기회 모색 - LNG 공급을 최우선으로 Gas to Power Project 추진

내에서 복합화력 IPP의 최대 사업자인 SK E&S는 주업인 LNG 트레이딩과 LNG 터미널, 가스 복합화력을 연결하는 "Gas to Power 사업"을 여러 국가에서 추진 중이나 아직 가시적인 성과를 만들어 내지는 못하고 있다.

에너지 공기업

한국전력

한국전력은 50년 이상의 국내 발전사업 경험에 체계적인 조직, 우수한 인력을 중심으로 해외개발사업을 추진했다. 2000년대 초반 필리핀 일리한 복합화력발전을 개시로 여러 나라에서 다양한 발전 형태를 포함한 20여 건의 IPP 프로젝트를 성사시켰다. 복합화력발전은 필리핀에 이어 멕시코, UAE, 사우디아라비아, 요르단 등에 성공적으로 진출했고 석탄화력발전은 필리핀, 베트남에 이어 인도네시아에서도 사업을 추진 중이다. UAE의 바라카 원전 수주로 전 세계의 주목을 받았으며 최근에는 태양광, 풍력발전 등 신재생 발전 분야로도 사업범위를 확장하고 있다.

중부발전, 남동발전, 남부발전, 동서발전, 서부발전

다른 발전 공기업들은 처음에는 O&M 사업기회 확보와 재무여력을 활용한 투자사업 발굴 차원에서 해외개발사업을 추진하였고 회사별로 다른 특성을 보이며 최소한의 포트폴리오를 구성하며 본격적인 IPP 사업자로서 성장하고 있는 것으로 보인다.

중부발전은 해외 및 현지 유력 파트너들과 제휴를 통해 인도네시아에 집중하여 왐푸 수력, 땅가무스 수력, 찌레본 석탄화력 1, 2를 이어서 수주하였다. 최근에는 스웨덴 풍력 등 신재생에너지 사업을 추진하고 있다.

남동발전은 수력에 주력하여 파키스탄 굴푸르 수력, 네팔 UT-1 수력발전 사업을 추진하였고, 태양광 사업에 눈을 돌려 불가리아, 칠레 등의 프로젝트를 진행하고 있다. 남부발전은 칠레 복합화력발전을 성사시키고 요르단 풍력, 미국 복합화력 등 사업을 다각화하고 있다.

동서발전은 약 10년 전부터 자메이카, 괌에서 운영사업을 하고 있으며 인도네시아 석탄화력발전, 칠레 태양광발전 사업 등을 추진하였고, 서부발전은 유명한 라오스 수력발전을 운영 중이며 호주 태양광발전 사업에 이어 미국 복합화력발전과 추가적인 수력발전 사업을 모색 중이다.

가스공사, 석유공사, 한국수력원자력

가스공사는 LNG 확보 차원에서 해외사업을 추진하였으며 인도네시아, 멕시코에 이어 모잠비크에서도 사업을 추진 중이다. 석유공사의 경우 MB 정부에서 추진하였던 해외자원개발의 후유증으로 재무적인 측면에서 해외사업개발에 어려움이 있는 것으로 알려져 있다. 그러나 유전개발 사업이 아닌 석유 비축 사업에서는 세계적인 경쟁력을 갖고 있어 국내 EPC사들과의 협력에 따른 해외사업

기회가 예상된다. 원자력발전에 집중하던 한국수력원자력도 해외
사업 전략을 다각화하여 최근 수력발전과 태양광발전 사업 등을 추
진 중이다.

표 29 _ 국내 에너지 공기업들의 해외개발사업 추진현황

회사명	Project	비고
한국전력	- Ilijan CCPP - Cebu CFPP - Amman CCPP - 요르단 풍력 - Barakah 원전 - NghiSon 2 CFPP - Norte 2 CCPP - Shuweihat 3	- 다양한 IPP 사업 추진 - 최근 신재생에너지 사업 적극 추진 - EPC 경쟁력 확보를 위해 외국사와 적극 제휴
서부발전	- 라오스 Xe-Pian 수력 - 인도 복합화력 - 호주 태양광	- 라오스 수력발전 이후 복합화력, 태양광 추진
남부발전	- 미국 Niles CCPP - 칠레 Kelar CCPP - 요르단 Tafila 풍력	- CCPP 중심 해외진출 - 대림에너지와 협력
남동발전	- 파키스탄 Gulpur 수력 - 네팔 UT-1 수력 - 불가리아 태양광 - 칠레 태양광	- 수력 중심의 해외사업 - 신재생 분야로 확대
중부발전	- 인니 Cirebon CFPP Wampu, Tanggamus 수력 - 스웨덴 Stavro 풍력	- 인니에 해외사업 집중 - 신재생에너지 추진
동서발전	- 인니 Kalsel CFPP - 칠레 태양광 - 자메이카 태양광 - 괌 태양광 운영사업	- 초기 운영사업으로 시작 IPP 사업으로 확장
한국수력 원자력	- 칠레 태양광 (Maria Pinto, Guadalupe)	- 태양광, 수력발전 중심
가스공사	- Donggi Senoro LNG Plant - Manjanillo LNG 터미널	- LNG 확보 차원에서 해외사업 추진 - 한국 EPC의 LNG 기술/경험 부족으로 제한적

인프라 공기업

인프라 공기업들도 대부분 해외사업 관련 조직을 운영하며 해외개발사업을 통해 우수한 O&M 역량을 활용할 기회 및 장기적인 성장모멘텀을 확보하려고 노력하였다. 그러나 그중 한국수자원공사만이 괄목할 만한 해외개발사업의 성과를 만들어내었다.

한국수자원공사
수자원공사K-Water는 1990년대 중반 ODA 사업으로 중국의 하천 조사 용역사업으로 시작하여 2009년 이후 파키스탄 파트린드 수력발전, 필리핀 앙갓 수력발전 등을 성사시켰고 그 여세를 몰아 현재 솔로몬제도의 티나 수력발전, 조지아의 넨스크라 수력발전, 인도네시아 카리안 수처리사업 등을 추진 중에 있다.

LH공사
다른 인프라 공기업 중에서는 LH공사가 최근 해외개발사업에 대한 의지를 보이며 미얀마 정부와 협력하여 한/미얀마 경제협력 산업단지를 추진하여 현재 건설 중에 있으며, 최근 베트남 흥옌성에 한/베트남 경제협력 산업단지 사업을 추진하고 있다. 그 밖에도 쿠웨이트·미얀마 등의 신도시, 베트남 서민복지주택, 인도네시아 브카시 산업단지 등의 사업을 동시에 모색 중이다.

도로공사, 국가철도공단, 인천공항공사, 한국공항공사

도로공사는 주로 컨설팅, 감리용역 등 소프트 측면에서의 해외사업에서 카자흐스탄 알마티 사업을 계기로 해외 도로사업 기회를 적극적으로 찾고 있다. 또한 철도공사, 국가철도공단, 인천공항공사, 한국공항공사 등도 해외사업개발 대열에 참여하기 시작했다.

최근 한국공항공사가 페루 친체로 공항의 PMO^{Project Management Office, 사업총괄관리} 사업을 수주하였고 인천공항공사가 폴란드 바르샤바 신공항 사업의 폴란드 정부 측 컨설턴트로 선정됨에 따라 아직 본격적인 투자개발사업은 아니지만 해외개발사업의 시장에 점차 참여하는 모습을 보여주고 있어 미래가 기대된다.

국내 인프라 공기업들은 탁월한 O&M 역량을 갖고 있으므로 글로벌시장에서 통할 수 있는 코스트 경쟁력과 현지화 역량을 차근차근 갖추어나가면 국내 건설회사 및 금융권과의 협력을 통해 조만간 해외개발사업의 성공을 실현할 수 있을 것으로 기대한다.

표 30 _ 국내 인프라 공기업 해외개발사업 추진현황

회사명	Project	비고
수자원공사	- Patrind 수력발전 - 솔로몬 Tina 수력발전 - Nenskra 수력발전	- 수력발전을 중심으로 다수의 물 관련 사업 추진 - 인니 카리안 프로젝트: 20년간 추진, 댐-도수관로-정수장 일관 체계 추진
도로공사	- Big Almaty Ring Road	- 설계, 감리, 컨설팅 위주 해외사업 → O&M으로 확대 추진
LH공사	- 한-미얀마 경협산단 - 한-베트남 흥옌 경협산단	- 산단, 주택단지 등 개발

03
산업별 해외개발사업
추진현황

교통/물류 인프라 사업

도로, 철도, 항만, 공항 등으로 구성되는 교통인프라는 각 나라의 국민 편익과 경제발전 및 대외교역을 위해 매우 중요한 사회간접자본들이다. 우리나라의 경부고속도로 건설 사례와 같이 경제개발 계획을 수립할 때 최우선 순위로 고려되는 분야이고 재원조달에 어려움을 겪고 있는 많은 나라들이 PPP로 추진을 희망하고 있다.

그런데 실제로 개발도상국에서 교통인프라 사업을 검토해보면 수익성을 확보하기가 매우 어렵다. 교통인프라의 수익성은 향후 수요와 그 수요자들이 부담할 운임 수준에 의해 결정되는데 막대한 초기 투자비에 비해 안정적인 수익이 예상되는 경우는 그리 많지 않다. 따라서 이러한 사업을 PPP 사업으로 추진하기 위해서는 해당국 정부에서 민간사업자에게 사업권을 부여할 때 부지·인허가 및 안정적인 수익을 보장할 수 있는 장치를 마련하고 민간사업자는 그 것을 기반으로 건설·운영 및 금융조달을 책임지는 사업구조를 만들어야 하는데, 그 양자를 동시에 성립시키는 것이 쉬운 일이 아니다. 많은 나라들이 기본적인 PPP 체계의 부재와 정부 보증에 대한 막연한 부담감, 사업을 관리할 수 있는 전문성의 부족으로 계획만 세우고 본격적인 추진은 마냥 지연되는 경우가 대부분이다.

우리 기업 중 해외에서 교통인프라 사업을 성사시킨 회사는 SK건설이 거의 유일하다. SK건설은 2008년 터키 유라시아 해저터널 사업을 입찰로 따낸 후 4년간의 협상 및 금융확보, 4년간의 공사를 통해 2016년 말 준공하고 현재 4년째 운영 중에 있다. SK건설은 그 여세를 몰아 카자흐스탄의 알마티 순환고속도로, 터키 차나칼레 대교, 영국 실버타운 하저터널까지 4개의 도로 PPP 사업을 모두 입찰로 확보하여 PF를 완료, 운영 및 시공 중이다. 그 외 다른 기업의 도로부문 해외개발사업 참여는 도로공사가 알마티 사업에 소액주주로서 O&M 사업자로 참여한 경우와 대림산업이 차나칼레 대교 사업에 SK건설 등과 공동사업자로 참여한 것이 전부이다.

철도, 항만 및 공항 부문에서는 아직까지 해외개발사업의 성공사례도 없을 뿐 아니라 시도조차 거의 없었다. 브라질 고속철도, 말/싱 고속철도 등에 팀 코리아를 구성하여 준비를 하였으나 외부(발주국) 여건상 두 사업 모두 제대로 추진이 되지 않았고, 한국팀의 준비과정도 순탄하지 않았었다. KIND 설립 후 계룡건설과 국가철도공단 등이 연합하여 인도네시아 술라웨시의 작은 철도 PPP 사업에 입찰하였으나 2등으로 실주한 것이 몇 안 되는 철도 사업의 추진 사례들이다.

지난 70년간 철도 사업이 국가에 의해 독점적으로 운영되고 철도에 필요한 여러 복잡한 기술들이 각 분야별로 나뉘어 발전해오다보니 일괄 턴키 방식Lump-Sum Turn Key Base으로 철도 사업을 추진할 수 있는 주체가 제대로 만들어지기 어려웠다고 할 수 있다. 최근 국가철도공단 및 몇몇 건설사들에 의해 해외 철도 PPP 사업이 추진되고 있어 조만간 첫 번째 철도 PPP 사업이 탄생하기를 기대하고 있다.

공항은 우리나라의 두 공항공사가 세계적인 운영경쟁력을 갖고 있음에도 불구하고 공기업에 대한 예비사업타당성조사 등의 이슈로 방대한 해외 PPP 사업에 디벨로퍼 및 투자자로 참여하기가 쉽

표 31 _ 우리 기업의 해외 교통인프라 사업 개발 추진현황

| Status | Project | | Sponsors | 사업비 (Mil.$) |
	국가	Project명		
운영중	터키	Eurasia Tunnel	SK그룹(50%), Yapi Merkezi그룹(50%)	1,250
건설중	터키	Canakalle Bridge	SK건설(25%), 대림산업(25%), Yapi Merkezi그룹(25%), Limak(25%)	3,200(EUR)
	카자흐스탄	Almaty Ring Road	SK건설(33.3%), 도로공사(0.1%), Alarko(33.3%), Makyol(33.3%)	740
	영국	Silvertown Tunnel	SK건설(10%), 맥쿼리(22.5%), Aberdeen(22.5%), Cintra(22.5%), BAM PPP(22.5%)	1,600

지 않은 상황이다. 다만, 한국공항공사가 페루 친체로 공항 사업의 PMC^{Project Management Consultancy, 건설사업관리}를 확보함으로써 향후 다른 한국팀들이 사업에 관심을 갖고 준비할 수 있는 기반을 마련했다고 생각한다.

발전 사업

발전 부문의 개발사업은 통상적으로 민자발전사업^{IPP}의 형태로 이뤄진다. 시공도 중요하지만 전력생산 및 판매에 대한 운영 노하우가 매우 중요하다. 따라서 지금까지는 국내 건설사들보다 국내 발전 공기업들이 해외사업에 적극적인 분야이다.

IPP 사업은 통상적으로 국가 또는 국가기관을 상대로 장기 전력구매계약^{PPA}의 체결을 통해 사업화가 되고 발전 단가도 대부분 미달러화에 연동되거나 최소한 연료가격 정도는 환변동성을 회피할 수 있어 금융권에서도 선호하고 회사 내부적으로도 사업추진을 위한 리스크관리가 명확한 장점이 있는 편이다.

앞에서도 언급했듯이 한국전력이 우리나라의 대표적인 발전 사업자로 지난 20여 년간 가스복합화력, 석탄화력, 신재생에너지 등 다양한 해외사업 포트폴리오를 구축했고 이를 지속적으로 확장해 나가고 있다. 다른 발전 공기업들도 다양한 국가에서 다양한 종류의 발전 사업을 활발하게 진행 중에 있다. 과거 적극적으로 해외 발전 사업에 참여하던 삼성물산 등 무역상사의 참여세는 다소 약화되

었으나 대림에너지, 한화에너지, 포스코에너지 등 발전 전문 디벨로
퍼들이 적극적으로 해외사업을 추진하고 있다.

연료 측면에서는 종전에는 석탄, 가스복합 등의 화력발전이 IPP
의 주류였으나 최근에는 태양광, 풍력발전 등 신재생에너지 사업 개
발이 늘어나고 있으며 미국, 유럽 등 선진국 시장으로의 진출도 모

표 32 _ 우리 기업의 해외 가스복합화력 사업 개발 추진현황

Status	Project 국가	Project명	Sponsors	사업비 (Mil.$)	용량 (MW)
운영중	필리핀	Ilijan	한전(51%), 미쯔비시(21%), Team E(20%), 큐슈전력(8%)	1,250	1,200
	사우디	Qurayyah	삼성물산(17.5%), ACWA(17.5%), MENA inf(15%), SEC(50%)	3,200 (EUR)	3,927
	사우디	Rabigh	한전(40%), ACWA(40%), SEC(20%)	740	1,204 (중유)
	터키	Kirikalle	ACWA(70%), InfraMed(20%), 삼성물산(10%)	1,600	950
	칠레	Kelar	남부발전(65%), 삼성물산(35%)	601	517
	UAE	Shuweihat	ADWEA(60%), 한전(19.6%), Sumitomo(20.4%)	1,430	1,600
	멕시코	Norte2	한전(56%), 삼성물산(34%), Techint(10%)	430	433
	요르단	알카트라나	한전(80%), Xenel(20%)	461	373
	요르단	암만	한전(60%), MC(35%), WDFS(5%)	약 800	573
건설중	미국	Niles	남부발전(50%), 대림에너지(30%), Indeck(20%)	1,050	1,085

색되고 있다. 표 32, 33, 34에서 볼 수 있듯이 우리 기업들은 그동안 약 30개 프로젝트의 해외 발전 사업을 다양한 지역에서 추진하였고 대부분의 사업들이 잘 진행되고 있다.

다만 최근의 변화 모습이 한국 EPC, 한국산 기자재 등 코리안 콘텐츠의 활용 측면에서는 미흡한 면이 있어 아쉬운 상황이다. 해외개발사업이 처음에는 우리 EPC 회사들의 해외 먹거리를 찾는 측면에서 많이 장려되었지만 거기에 그치지 않고 우리 기업들이 글로벌시장에서 디벨로퍼로 성장하기 위해 거쳐야 할 필수적인 과정이라 생각된다.

표 33 _ 우리 기업의 해외 석탄화력발전 사업 개발 추진현황

Status	Project 국가	Project 명	Sponsors	사업비 (Mil.$)	용량 (MW)
운영중	필리핀	Cebu	한전(60%), SPC(40%)	451	200
	베트남	Nghi Son2	한전(50%), 마루베니(50%)	2,300	1,330
	인니	Kalsel	동서발전(35%), Adaro Energy(65%)	540	200
	인니	Cirebon 1	마루베니(32.5%), 중부발전(27.5%), 삼탄(20%), PT. Tripatra&PT. Indika(20%)	850	660
건설중	인니	Cirebon 2	마루베니(35%), 중부발전(10%), 삼탄(20%), Indika Group(6.25%), Chubu 전력(5%) Tokyo 전력(5%), IMECO(18.75%)	2,175	1,000
개발중	인니	Jawa 9, 10	한전(15%), Indonesia Power(51%), Barito Pacific(34%)	3,400	2,000
	베트남	Vung Ang 2	삼성물산, 한전	2,500	1,200

표 34 _ 우리 기업의 해외 신재생발전 사업 개발 추진현황

Status	Project		Sponsors	사업비 (Mil.$)	용량 (MW)
	국가	Project명			
운영중	캐나다	Ontario 풍력	삼성물산(33.34%), Pattern Energy(33.34%), Capital Power LP(33.33%)	859	270
	요르단	Tafila Wind Farm	대림에너지(50%), 남부발전(50%)	287	117
	요르단	Al Fujeij Wind Farm	한전(100%)	197	89
	인니	Krakatau 부생가스발전	포스코에너지, Krakatau Daya Listrik(KS Group)	277	200
	호주	배너튼 태양광	Foresight(48.5%), KIAMCO 배너튼(48.5%), 한화 배너튼(3%)	129	110
	칠레	Talca 태양광	S-energy(5%), GIF(95%)	13.2	10.4
건설중	스웨덴	Stavro wind	한국 중부발전	202	254
개발중	칠레	Maria Pinto 태양광	한양전공(19%), KIND(26%), 한수원(55%)	8	6.3
	칠레	Guadalupe 태양광	한수원(60%), S-Power(10%), KIND(30%)	9	6.59
	스웨덴	육상풍력발전	중부발전, NH 아문디, 독일Fumd(50%)	330	240
	호주	태양광	동서발전, 하나금융투자, 삼천리자산운용	250	202

수자원 관련 사업

수자원 관련 해외개발사업은 수력발전 사업과 수처리 사업으로 대표된다. 수력발전 사업은 다른 발전 사업과는 달리 댐 공사와 도수관로 공사 등 토목사업의 성격이 짙은 사업이라 대부분의 국내 건

설사에서는 발전 부분이 아닌 토목/인프라 부문에서 담당한다. 이러한 특성에 맞게 국내의 여러 발전 공기업, 수자원공사 등이 EPC사들과 협력하여 많은 프로젝트를 추진하였고 다음과 같이 그 결실을 맺는 데 성공했다.

- 인도네시아 - 중부발전/포스코건설
- 라오스 - 서부발전/SK건설
- 파키스탄 - 수자원공사/대우건설, 남동발전/대림산업+롯데건설
- 솔로몬제도 - 수자원공사/현대엔지니어링
- 네팔 - 남동발전/두산중공업(EPC만 참여)
- 조지아 - 수자원공사/현대건설(EPC만 참여)

수력발전 사업은 프로젝트 현장이 대부분 산간벽지에 위치하고 있어 시공 여건이 좋지 않다는 점과 환경규제를 엄격하게 적용받아 그 사업개발이 쉽지 않다는 특징이 있다. 따라서 MDB들의 지원을 받는 프로젝트가 아니면 쉽게 추진하기 어렵고, 그러다 보니 사업개발에 상당한 기간이 소요된다. 참고로 라오스 세피안-세남노이 프로젝트는 개발 및 시공에 15년, 네팔의 UT-1 수력발전은 착공 전 사업개발에만 거의 10년, 조지아의 넨스크라 수력발전도 비슷한 상황이라 조직 내의 사업개발에 대한 피로감과 회의적인 반응들에 직면하게 된다. 따라서 처음부터 사업선정 및 최종 투자의사결정에 신중한 판단이 필요하다.

최근에는 다행히 KIND의 참여로 수력발전 사업의 투자재원 확

표 35 _ 우리 기업의 해외 수자원 관련 개발사업 추진현황

| Status | Project | | Sponsors | 사업비 (Mil.$) | 용량 (MW) |
	국가	Project명			
운영중	인니	Wampu	중부발전(46%), 포스코건설(20%)	170	45
	인니	Tanggamus	중부발전(51%), 포스코건설(18%)	190	55
	인니	Hasang	LG상사(95%)	210	41
	라오스	Xe-Pian Xe-Namnoy	SK건설(26%), 서부발전(25%)	1,030	410
	파키스탄	Patrind	K-Water(53%), 대우건설(22%)	397	150
	파키스탄	Gulpur	남동발전(76%), 대림(18%), 롯데건설(6%)	367	102
	바레인	Muharraq	삼성ENG(45%)	328	100,000 (m³/day)
건설중	솔로몬	Tina	K-Water(80%), 현대ENG(20%)	211	15
개발중	네팔	UT-1	남동발전(50%), KIND(25%)	617	216
	조지아	Nenskra	K-Water, KIND	1,350	280
	인니	Karian	K-Water(50%)	170	397 (ton/day)

※ 바레인 Muharraq 프로젝트, 인니 Karian 수처리 프로젝트 외에는 모두 수력발전 프로젝트임.

보 측면에서 국내 건설사들에게 도움을 주고 있다.

수력발전 외의 수처리 사업으로는 삼성엔지니어링의 바레인 무하락 수처리 사업과 현재 수자원공사가 추진 중인 인도네시아 카리안 상수도 사업을 제외하고는 별 실적이 없는 실정이다. 대부분의 수처리 사업들이 중앙정부보다는 지방정부 사업으로 추진되고 있어 신인도 있는 보증확보 및 금융주선에 어려움을 겪고 있는 것도 수처리 사업의 새로운 장애가 되고 있다.

플랜트 사업

플랜트 사업은 1900년대 이후 우리나라 해외건설 수주의 가장 큰 부분을 차지했으나 대부분 중동 등의 국영석유공사NOC나 민간부문에서도 글로벌 석유 메이저IOC들이 발주한 정유 및 석유화학 플랜트의 단순 시공사로 참여한 것으로, 개발사업으로 발전된 경우는 별로 없었다. 그도 그럴 것이 정유 및 석유화학 사업은 세계적으로 기존 글로벌 플레이어들에 의해 움직이는 폐쇄적인 시장인 데다 원료(원유) 가격 및 제품 가격의 변화에 따른 시장의 변동성이 매우 커서 건설사들이 주도적으로 사업개발을 리드하기는 어려운 현실이다.

원유부터 정유, 석유화학 및 관련 제품의 밸류체인을 이미 갖추고 있었던 SK그룹 정도가 SK에너지, SK종합화학, SK가스, SK건설 등 여러 계열사 간의 협력을 통해 싱가포르의 주롱 아로마틱스 콤플렉스 사업을 추진하여 금융종결 및 건설까지 잘 마쳤으나, 2014년 이후 상업생산 초기에 발생한 초유의 유가 대폭락으로 시장리스크를 극복하지 못하고 2년 만에 채무불이행이 발생하여 채권단에게 인수되는 아픈 경험을 겪기도 했다.

2019년 현대엔지니어링이 폴란드에서 PDH/PP 플랜트 공사를 수주하면서 발주처의 요청에 의해 KIND와 협력하여 자기자본의 약 20% 수준의 투자를 하면서 투자개발사업으로 전환된 사례가 있는데, 향후 KIND의 공동투자를 전제로 국내 건설사들이 고려할 만한 사례라고 생각된다. 물론 대주주로서 사업을 주도하기보다는 최소지분을 갖고 EPC를 안정적으로 확보하고 장기적으로 투자수익

표 36 _ 우리 기업의 해외 플랜트 사업 개발 추진현황

Status	Project		Sponsors	사업비 (Mil.$)
	국가	Project명		
운영중	싱가포르	Jurong Aromatics	SK그룹(30%), SFX(25%), Arovin(10.5%), Shefford(9.5%), Glencore(10%), EDBI(5%), Thai KK(5%), Essar(5%)	2,450
	멕시코	Manjanillo LNG	삼성물산, Mitsui, 한국가스공사	876
	바레인	LNG	Teekay Corp.(30%), Nogaholding(30%), 삼성물산(16%), Gulf Investment(24%)	1,005
	폴란드	SKYPET	SK케미칼(54%), SK건설(10%), Anwil SA(17%), LG상사(10%), EBRD(9%)	85
건설중	폴란드	Polimery Police PDH/PP	Grupa Azoty(65%), 현대ENG 및 KIND(18%), Grupa Lotos(17%)	1,792

을 기대하는 수준의 추진을 해야 할 것이다.

최근 시장에 수요가 많은 LNG 관련한 수출입 터미널 사업들은 미국, 프랑스, 일본 등의 LNG 마피아들의 견제와 대규모 투자에 대한 부담 등으로 인해 국내 건설사들의 접근이 쉽지 않은 상태이다. 그런 가운데 삼성물산이 바레인과 멕시코의 LNG 사업에 참여했으며 대우건설은 가스공사와 협력하여 모잠비크 가스전 프로젝트에 참여하고 있다.

일반 산업플랜트 부문에서도 몇몇 프로젝트들이 추진 중이나 아직 가시적인 성공사례는 찾아보기 어려운 실정이다.

도시개발 사업

흔히 부동산개발이라고도 하는 도시개발 사업은 다른 인프라 사업과는 그 수익구조 및 사업형태가 많이 다르다. 일반적인 인프라 사업은 사업기간을 정해놓고 그 기간의 운영을 통한 수익금으로 차입금을 상환하고 투자자의 수익을 회수하는 구조로 되어 있다. 보통 20~30년 정도의 운영기간을 받아 건설 후 10~15년 정도에 차입금을 전액 상환하는 구조이다. 반면에 도시개발 사업은 건설 후 자산의 분양을 통해 수익을 회수하거나 초기 몇 년 운영 후 매각하는 구조가 일반적이며 대부분의 사업리스크가 분양과 매각가치에 집중되어 있어 통상적인 프로젝트 파이낸스를 통해 사업을 추진하기 어려운 구조이다. 보통의 경우 대부분의 MDB나 ECA들은 도시개발 프로젝트에는 잘 참여하지 않는다. 따라서 지금까지 우리 기업들이 추진했던 대부분의 해외 도시개발 사업들은 프로젝트 파이낸스보다는 자기자금이나 기업금융을 통해 투자자금을 조달하고 있다.

이러한 태생적인 해외사업 자금조달의 어려움에도 불구하고 많은 우리 기업들이 해외 도시개발 사업을 주목하고 있다. 과거 우리나라의 도시화 과정에서 있었던 지가 상승에 따른 부동산 불패신화가 해외에서도 재현 가능할 것으로 기대하고 있고, 넘치는 국내 자산운용시장의 유동성도 투자처를 찾아 해외 부동산시장을 주목하고 있는 것이다.

중소기업을 포함한 우리 기업들은 주로 베트남 시장을 중심으로 주택 사업 위주의 사업개발을 추진하고 있으며 우즈베키스탄, 카자흐스탄 등의 중앙아시아 시장도 주목하고 있다. 우선은 아파트, 빌라 등 주택 사업이 주류를 이루고 있으나 점차 LH 등을 중심으로 진행 중인 산업단지, 민간 건설사들이 추진하고 있는 호텔, 리조트, 복합상업시설 및 농수산 유통시장 등으로 다각화가 이루어지고 있다.

그간의 주요 성공사례로는 대우건설의 베트남 스타레이크 프로젝트, LH공사의 미얀마 산단 개발, 포스코인터내셔널의 미얀마 호텔 사업 등이 언급되고 있으며 중소기업들도 우림건설과 동일건설 등이 카자흐스탄에서, 경남기업, ㈜대원이 베트남에서, 그리고 세경산업이 필리핀 등에서 나름 실적들을 쌓은 것으로 알려져 있다.

KIND도 사명에 걸맞게 많은 도시개발 프로젝트를 추진하고 있

표 37 _ 우리 기업의 해외 도시개발 사업 추진현황

Status	Project		Sponsors
	국가	Project명	
운영중	카자흐스탄	동일 하이빌	동일토건
	카자흐스탄	알마티 복합단지	우림건설
	베트남	Landmark 72	경남기업(→ 미래에셋)
	미얀마	양곤 롯데호텔(아마라)	포스코인터내셔널, 포스코건설
건설중	터키	Gaziantep 병원	삼성물산(26.5%), Salini-Impregilo(24.5%), Kayi(24.5%), KTGH PEIF(24.5%)
개발중	베트남	Starlake	대우건설(82%), PAC(18%)
	베트남	Nabe 신도시	GS건설
	미얀마	한/미얀마 경협산단	LH(40%), 미얀마 건설부(40%), 글로벌세아(20%)
	베트남	흥옌 한/베 경협산단	LH(35%), KIND(25%), KBI(10%), Ecoland(25%), FI
	필리핀	Clark 힐즈	포스코건설

다. LH공사와 협력하여 베트남 홍옌 산단 사업의 투자를 확정했고 그 인근에 대우건설과 함께 에코파크 아파트 등 복합 개발사업도 투자할 계획이다. 단기적인 소규모 프로젝트들과 함께 한국의 우수한 신도시 경험 등을 활용한 장기·대형 도시개발 프로젝트에 대한 준비도 진행 중이다. 현재 미얀마 정부의 요청으로 양곤주 남부지역인 달라 지역에 신도시를 개발하는 사업타당성 검토 작업을 진행 중이며 기획재정부의 EIPP^{Economic Innovation Partnership Program} 사업의 일환으로 인도네시아 신수도 이전 사업의 여러 기술·재무적인 검토 작업을 지원하며 한국 기업들이 참여할 수 있는 기회를 같이 모색하고 있다.

04
우리 해외개발사업의
한계와 해결방안

개발 과정에서 부딪힌 어려움

지금까지 우리 기업들의 해외개발사업의 큰 축은 건설사들의 EPC 확보 차원이나 무역상사, 발전 공기업들의 트레이딩 기회 및 O&M 기회를 겨냥한 투자에서 진행된 것들이 대부분이었다. 그러다 보니 개발 과정에서 여러 한계가 발생하고 그로 인해 사업이 성사되지 않거나 개발 과정에서 많은 어려움을 겪은 것으로 알려져 있다. 이를 좀 더 살펴보면 다음과 같다.

목적사업에 대한 이해도
첫째, 사업개발의 목적사업에 대한 이해도 및 전문성을 제대로 갖추지 못했다는 점이다. 특히 EPC사들은 디벨로퍼의 관점보다 EPC

사업자의 관점에서 개발사업에 접근하다 보니 도로, 발전, 정유, 석유화학, 환경 등의 사업에 대한 근본적인 이해가 부족했었다고 볼 수 있다. 인프라 공기업들도 국내에서 충분한 실적과 뛰어난 운영 능력을 가졌으나 해외사업의 트랙 레코드Track Record가 부족하고 현지화에 대한 뚜렷한 전략의 부재와 코스트경쟁의 부담으로 본격적인 사업추진이 어려웠다.

개발사업이란 투자를 수반하여 그 사업을 상당 기간 운영하며 수익을 회수하는 구조인데 그 목적사업이 잘되지 않으면 시공이나 O&M에서 일정 수익을 실현한다 해도 투자에서 손실이 나서 사업 개발이 실패할 가능성이 높다. 현실적으로는 목적사업에 대한 역량과 치밀한 계획을 제시할 수 없으면 PF 대주단의 승인을 받지 못해 사업을 진행할 수 없을 것이다.

투자재원의 조달

둘째는 투자재원의 조달이다. 일반적으로 인프라 투자개발사업은 총사업비의 20~40% 정도를 자기자본Equity으로 조달해야 하는데 투자개발사업의 주체로 참여하기 위해서는 이 자본의 상당부분을 분담해야 한다. 그런데 국내 대부분의 EPC사들은 '시공이익 범위 내의 투자'라는 매우 보수적인 개발사업 참여 기준을 내부적으로 갖고 있다. EPC가 총사업비의 70% 정도 되고 시공 이익을 여유 있게 10% 정도로 추정하더라도 투자 여력은 총사업비의 7%, 자기자본 기준으로는 15~25% 정도가 된다. 따라서 최대주주로 사업을 주도하긴 어려우며 다른 디벨로퍼나 금융자본에게 의존하여 소액주주인 건설투자자CI: Construction Investor로 참여할 수밖에 없다.

한편 많은 공기업들은 내부적으로 투자리스크를 수용하는 데 보수적인 경향을 갖고 있는 것 같다. 게다가 500억 원이 넘는 출자를 수반하는 프로젝트는 기재부의 예비사업타당성조사를 거쳐야 하는데, 개발사업 초기에 승인을 받을 수 있도록 완벽한 자료를 준비하는 것도 부담스럽고 입찰사업 또는 상대방의 시한이 정해져 있는 사업에서는 예타로 인해 사업개발 일정을 맞추지 못하는 경우가 많은 실정이다.

투자개발사업에서 리더가 아닌 소액주주로서 참여하는 경우 사업추진에 대한 주도권을 갖지 못하고 수동적으로 리드 디벨로퍼에 의해 끌려다니는 경우가 대부분이고, 사업의 수익성 확보와 리스크 경감을 위해 EPC 사업자와 O&M 사업자를 압박하는 경우가 대부분이라 사업개발 참여자로서의 의미도 퇴색하고 사업참여를 통한 전체적인 기대수익도 하락할 수밖에 없다. SK건설이 "토털 솔루션 프로바이더Total Solution Provider"라는 전략을 가지고 여러 프로젝트를 추진했으나 최대주주로 참여한 프로젝트들만 PF 클로징PF Closing까지 달성했었다는 반성은 한번 새겨볼 필요가 있다.

정부에서도 2010년 글로벌인프라스트럭처펀드GIF를 출범시켜 해외개발사업의 자본확충에 일조하려 노력했으나 8년 동안 전체 설정액 3500억 원 중 2800억 원만을 소진한 채 GIF 1, 2, 3호의 투자가 마감되었다. 대부분의 금융투자자FI: Financial Investor들이 비교적 높은 국가리스크, 긴 사업기간과 초기 무배당 구간 장기화 등의 이유로 해외 인프라 개발 프로젝트에 대한 참여가 쉽지 않은 상황이다.

전문성

세 번째는 사업개발을 추진하기 위한 전문성 확보이다. 해외사업개발의 과정은 사업을 발굴하고 발굴된 사업의 타당성을 확인하고 거기에 맞는 사업구조화와 파트너링 작업을 통해 필요한 각종 계약과 금융을 완결해야 하는 과정이다. 이러한 일련의 절차를 진행하기 위해서는 차별화된 전문적인 조직과 사업, 기술, 금융, 법률, 협상 등 다양한 탤런트를 가진 인력들이 필요하다. 또한 이러한 업무들이 대부분 국제적으로 이뤄진다. 그러나 현실적으로 1년에 한 건 제대로 된 사업개발을 성사시키기 어려운 개별 기업들의 입장에서는 회사 단위로 사업을 완결할 수 있는 완전체의 조직과 인력을 운영하기는 매우 어려운 상황이다.

그 밖에도 제대로 된 사업을 발굴하기 위해 필요한 최소한의 초기 필수적인 사업비 지출 등도 우리 건설사를 비롯한 해외개발사업을 추진하는 기업들의 현실적인 장애요인이라 알려져 있다.

해결방안은?

위에서 언급되었던 여러 어려움을 극복하기 위한 해결방안은 쉽게 도출하기 어려울 것이다. 아직까지 이러한 어려움을 한 번에 다 해결할 수 있는 매직솔루션은 없지만 여러 방면에서 조금씩 노력을 하며 차근차근 해결해나가야 할 것이다. 필자가 생각해본 내용은 다음과 같다.

첫째, 무엇보다도 회사의 최고경영자부터 해외개발사업을 보는 인식의 전환이 필요하다. 해외개발사업을 EPC나 O&M 사업의 일거리를 확보하는 수단으로만 치부하면 사업을 성사시키기 어렵다. 해외개발사업은 내가 이미 갖고 있는 역량에 새로운 역량을 결합하여 밸류체인을 확장하고 사업의 수익모델을 다양화하는 방안으로 추진되어야 할 것이다. 그 과정에서 개발사업의 본질에 대한 이해와 새로운 역량 확보가 반드시 병행되어야 할 것이다. 시공형 사업과의 차별성을 잘 인지하고 사업의 발굴, 파트너링, 협상, 긴 사업개발 등에 대한 이해와 준비가 필요하다.

둘째, 사업개발을 추진할 수 있는 전문인력을 양성해야 한다. 시공형 사업과는 상이한 사업개발의 전 과정을 잘 운영할 수 있는 양질의 탤런트가 확보되어야 한다. 최근 국토부, 해외건설협회 등에서 여러 교육 프로그램을 통해 사업개발 전문인력을 희망하는 주니어들의 입문교육을 지원하고 있어 다행이다. 그러나 이러한 교육은 해외사업개발 입문의 수단일 뿐이다. 실제 사업 일선에서 글로벌 파트너, 경쟁자들과 어울리며 많은 준비를 통한 실전의 성공과 실패 경험을 쌓아가야만 제대로 된 사업개발 전문인력이 양성될 수 있을 것이다.

셋째로 각 기업들이 가진 역량의 한계를 극복하기 위해 각 부문의 전문성을 가진 기업들이 협업하는 '팀 코리아Team Korea 전략'이 필요하다. EPC, O&M과 금융을 결합한 최강의 팀을 구성하여 세계 시장에서 경쟁할 수 있는 체계를 갖춰야 한다. 팀 코리아는 우리 기업들만 힘을 합하는 것이 아니고 필요한 경우 일정 역량과 부담을 공유하는 외국계 기업들과도 협력할 수 있어야 한다.

　넷째는 투자재원의 확보이다. 먼저, 각 기업들이 해외사업개발을 위한 별도의 재원을 확보하고 이를 운영하는 내부적인 합의를 갖춰야 한다. 지금 영위하고 있는 사업과는 다른 새로운 가치사슬로 진출하기 위한 유연하고 탄력적인 투자정책이 마련돼야 한다. 또한 자산운용시장에 남아도는 유동성을 유인하기 위한 정부, 업계 차원의 노력이 필요하다. 이미 시장에 나와 있는 GIF, 그리고 PIS^{Plant Infrastructure, Smart city} 등의 정책펀드들을 잘 활용하고 관심 있는 재무적인 투자자들과 주기적인 대화가 필요할 것이다.

정부 차원의 지원책

앞에 언급한 여러 방안들이 기업 단위로 스스로 해결하기는 매우 어려운 경우가 많다. 다행히도 정부가 앞장서서 해외개발사업의 필요성과 중요성을 인지하고 지원 방법에 대한 많은 고민을 하고 있다. 다음은 지금까지 정부와 기업들 간 수차례의 논의를 통해 도출되고 실천 중인 정책들이다.

- 팀 코리아 전략을 통해 시공, 운영, 금융을 결합한 베스트 팀을 구성
- F/S 지원제도를 통해 조기 사업타당성 점검 및 사업기회 확보

- 투자재원의 확보를 위해 다양한 정책펀드 마련(GIF 5, 6, 7호, PIS 펀드)
- K-ECA 금융지원 활성화 및 고위험 국가 사업을 위한 특별금융 한도 설정

그리고 정부는 우리 기업들의 해외개발사업 전 과정을 지원하기 위해 해외건설촉진법을 개정하여 2018년 6월 해외개발사업 전문지원기관인 한국해외인프라도시개발지원공사KIND를 설립하였다.

KIND의 설립을 통해 정부가 기대했던 것은 크게 세 가지로 축약할 수 있다.

첫째, 신인도의 확보이다. KIND는 정부가 투자한 공공기관으로서 해외개발사업을 실행할 상대국 정부, 발주처, 파트너사 및 금융기관들이 안심하고 신뢰할 수 있는 팀 코리아의 리더 역할을 수행할 수 있도록 만들어졌다.

둘째, 전문성의 확보이다. 사업개발에 필요한 경험 있는 전문인력을 한 데 모아 사업을 발굴하고 기술, 마케팅, 재무, 법률 등 다양한 기능을 한 회사 안에서 실행할 수 있는 차별화된 조직을 만드는 것이다.

마지막으로 재무석 지원여력을 확보하는 것이다. KIND는 자체적인 사업개발 프로세스를 통해 다른 재무적 투자자와는 차별화된 투자정책으로 사업에 필요한 자본(Equity) 투입 및 추가적인 금융지원을 할 수 있게 만들어졌다. 법정자본금은 5000억 원이고 최초 납입 자본금은 1886억 원으로 시작했으나 단계적인 증자 계획과 자

표 38 _ KIND 역할 및 주요 사업

주요 사업			
사업발굴	사업개발 및 자금조달	금융지원(투자업무)	사후관리
- 해외 PPP 정보 관리 및 정책 분석 - G2G, 민간 추진 사업 정보발굴 - 국가별 사업환경 고려한 사업제안	- 예비/본 타당성조사 지원 - 해외 정부 협상 지원 - 사업 자문을 통한 사업성 향상	- 대출, 펀드투자 연계 - 직접투자, 출자, 금융 주선 및 자문	- 투자 사업에 대한 사후관리 및 사업 모니터링

한국해외인프라도시개발지원공사는 해외 투자개발형 사업의 Developer이자 Investor의 역할을 전방위적으로 수행하고 있으며 사업발굴부터 개발, 투자, 금융지원 등 사업 생애주기 전 단계를 유기적으로 지원하고 있음.

사업 분야			
교통인프라	도시개발	전력/에너지 및 플랜트	수자원 및 환경

기자본의 5배까지를 차입할 수 있는 근거를 만들어 해외개발사업에 요긴한 투자 파트너로서의 역할을 할 수 있도록 하였다.

KIND의 역할은 우리 기업들의 해외개발사업 지원을 위해 사업을 발굴하고 발굴된 사업의 타당성 확인, 사업구조화, 금융주선 및 각종 필요한 협상을 주도하며 최종적으로 사업에 같이 투자하는 공

동개발자Co-Developer 및 공동투자자Co-Investor로서 사업개발의 전 과
정을 지원할 수 있도록 설계되었다.

KIND의 구체적인 활용방안에 대하여는 다음 장에서 자세히 살
펴보기로 한다.

중국교통건설

중국교통건설China Communications Construction Co.은 중국항만건설 China Harbour Engineering과 중국도로/교량공사China Road and Bridge Corporation가 합병하여 만들어진 법인이다. 주로 도로, 철도, 항만, 플랜트 등의 시공과 사회간접자본 투자, 금융 및 자산관리 업무를 수행하고 있다. CCCC는 중국건축공정CSCEC: China State Construction and Engineering Company, 중국철도건설CRCC: China Railway Construction Company과 함께 중국 3대 건설사의 하나이다.

CCCC는 중국 정부의 적극적인 지원으로 중국 내 대형 프로젝트들을 수행하면서 기술력 및 PPP 경험을 축적하였으며 중국의 ODA 지원사업을 통해 해외시장에서의 실적을 확보한 후 글로벌 PPP 시장에 본격적으로 참여 중이다. 2015년에는 호주 3대 건설사 중 하나인 존 홀랜드John Holland사를 인수하여 호주 및 동남아 시장에서의 수행역량을 강화하기도 하였다.

CCCC의 투자개발사업은 주로 CCCC 인베스트먼트나 CCCC 에셋 매니지먼트 등 자회사를 앞세워 참여한다. KIND 및 한국 기업들이 주목하였던 미얀마 양곤 고가고속도로, 우간다 캄팔라-진자 고속도로 등의 입찰에 참여하고 있다.

2019년 말 현재 국내, 해외를 포함한 CCCC의 자산규모는 338억 달러이며 현재 운영 중인 주요 자산으로는 중국 북경 수도공항고속도로, 콜롬비아 M-2 고속도로, 자메이카 북남고속도로, 캄보디아 고속도로 등 2300킬로미터 이상이며 콜롬비아 보고타 메트로, 스리랑카 콜롬보항 등의 운영권을 갖고 있다. 2019년 총매출액 830억 달러 중 운영사업 매출은 10억 달러 정도로 전체 매출의 1%를 조금 넘는 수준이며 아직 본격적인 수익을 창출하지는 못하고 있는 것으로 알려졌다.

2020년 8월 남중국해 분쟁지역 내 군사기지 건설과 관련하여 미국 정부가 CCCC와 그 5개 자회사를 제재Sanction 대상에 등재하기도 했다.

V

KIND 활용방안

01
KIND의 역할

KIND의 업무는 크게 사업의 발굴, 사업개발, 금융지원의 세 가지로 나눠진다.

사업의 발굴

사업개발의 여러 요소 중 가장 어렵고 가장 중요한 것이 양질의 사업을 확보하는 것이다. 좋은 사업을 발굴한다는 것은 사업개발을 반쯤 성공한 것이라고도 할 수 있다. KIND의 사업발굴은 크게 세 가지 경로로 추진되고 있다.

첫 번째는 G2G^{Government-to-Government} 베이스의 사업발굴이다. KIND는 해외 PPP 사업의 체계적 관리와 주요국의 정책을 분석하여 G2G 협력을 통해 사업을 선제적으로 발굴하는 것을 최우선으로 하고 있다. 이를 위해 각국 정부의 PPP 기관들과 직접 협력 네트워크를 구축하여 사업기회를 모색한다. 각 국가별로 경제, 사회 여건을 감안한 맞춤형 전략으로 상대국 정부가 필요로 하는 사업을 완성된 형태로 선¹제안을 할 수 있도록 노력하고 있다. 물론 PPP 사업에 대한 입찰 정보도 수집하여 팀 코리아가 다른 나라들과의 경쟁에 참여하는 것도 같이 추진하고 있다.

두 번째는 다양한 네트워크를 통한 사업정보를 통해 사업기회를 모색하는 것이다. 이를 위해 다자간 금융기구, 법률회사, 컨설팅/회계법인, 엔지니어링사, 해외 디벨로퍼 그룹 등 해외사업에 관련된 다양한 전문가 그룹 및 해외·국내 금융기관들과 협력하고 있다.

세 번째는 해외개발사업을 추진하는 우리 기업들로부터 사업정보를 얻어 그들이 필요한 부분에 지원을 하는 방법이다. 개별 기업들이 수년간 사업개발을 해왔으나 마지막 고비를 넘지 못해 KIND에 요청을 하는 경우가 많이 있다. 대부분 투자재원의 부족, 신인도 부족에 따른 PF 금융협상의 어려움 등이 주된 애로사항들이며, KIND는 자체의 투자 정책 및 리스크관리 정책에 따라 최대한 우리 기업을 지원한다.

통상적으로 해외개발사업은 그 개발 과정에 장기간이 소요된다. 잘 준비가 되어 있는 경우도 2년 가까이 사업개발 기간이 필요한 게 보통이다. 따라서 KIND의 초기 투자결정 프로젝트들은 민간에서 제안해온 프로젝트가 주류를 이루고 있으며, KIND가 각국 정부와 G2G로 개발하거나 사업 초기에 정보를 확보하여 팀 코리아를 구성해서 추진하는 프로젝트들은 시간이 어느 정도 지나면서 그 결실을 맺을 것으로 예상된다.

사업개발

사업개발은 사업발굴 이후 사업타당성 확인, 사업구조화, 협상 및 금융조달 과정 지원으로 구성이 된다. KIND는 이 모든 과정에서 우리 기업들의 개발사업을 지원하는 것을 원칙으로 하고 있다.

사업타당성 확인은 KIND가 국토교통부로부터 위탁을 받아 시행하고 있는 "해외인프라 도시개발사업 타당성조사F/S 용역지원" 프로그램을 활용한다. KIND는 자체적인 사전 타당성 검토를 실시하고 선정된 프로젝트별로 F/S 용역을 집중관리하여 용역보고서의 품질을 높여서 사업 성사 가능성을 제고하는 작업을 하고 있다. F/S 용역지원 사업으로 선정되지 못한 프로젝트도 자체 사업선정위원회를 통과한 프로젝트에 대하여는 파트너 기업들과 비용을 분담하여 사업개발에 필요한 타당성조사 및 각종 초기 사업개발비를 분담할 수 있다.

사업구조화 과정은 사업개발의 가장 중요한 부분으로 KIND가 갖고 있는 기술, 금융 등의 전문성을 활용하여 사업추진을 위한 최적의 파트너들을 확보하여 팀 코리아를 구성하고 사업의 적정 구조를 설계하고 그것을 실행하는 과정이다. 물론 팀 코리아는 한국 기업들만이 아니라 필요한 외국의 여러 기업들에게도 항상 참여의 문

호를 개방하고 있다.

　KIND는 국가별 계약 리스크를 사전검토하고 필요한 지원사항을 선제적으로 실행하여 사업추진 시 발생 가능한 문제를 사전에 방지할 수 있도록 한다. 또한 금융조달을 감안하여 적합한 구조를 설계하고 사전에 MDB, ECA 등 금융기관을 설득할 수 있는 조건들을 구비한다.

금융지원

마지막으로 금융지원은 사업개발에 필요한 대출 및 정책성 펀드 등을 주선하여 프로젝트의 금융을 완성하고 직접 지분투자를 통해 사업에 참여하는 것이다. 이를 통해 민간투자자의 재원조달 부담을 완화시키고 사업의 신인도를 높이는 데 기여할 수 있도록 한다.

　KIND는 다양한 국제, 국내 금융기관들과의 네트워크를 통해 우리 기업에게 우량한 금융수단을 주선하고 연계하며 사업별 특성에 맞는 최적의 금융설계를 만들기 위해 노력할 계획이다.

KIND의 투자정책

KIND는 우리 기업들과 공동투자자Co-Investor로서 최종적으로 해외 개발사업에 직접투자(Equity)하는 것을 기본으로 사업개발에 참여하지만 채무증권 및 수익증권에도 투자가 가능하여 우리 기업들의 해외개발사업을 다양한 측면에서 지원할 수 있도록 관련 법 및 자체규정으로 준비되어 있다.

다만, 대출기관 또는 보증기관으로는 참여하지 않는다.

표 39 _ KIND의 투자수단

투자 방식	내용
지분증권	공동개발자 및 사업주로서 SPC의 지분 보유
채무증권	프로젝트 채권 또는 SPC가 발행한 회사채
수익증권	PEF, 민관협력 펀드, 기타 특수목적 펀드

표 40 _ KIND의 투자 가이드라인

구분	내용
기본 조건	- 대한민국 국민이 직간접적으로 전체 지분의 10% 이상 투자하는 사업(중소, 중견기업의 경우 5% 이상) - KIND는 GIF, PIS 펀드와 공동투자 가능
투자 지분	- KIND가 전체 지분의 30%까지 투자 가능(단, 한국 투자자 중 최대 투자자가 될 수 없음)
Exit Policy	- 국내 투자자가 지분 매각 시 KIND도 동시 매각
투자 대상	- Green Field 사업 우선
타깃 국가	- 국내 투자자 진출 국가 (국가 제한 없음)

02

G2G 베이스 PPP
사업추진 사례

KIND는 설립 후 지난 2년간 한국을 대표하는 PPP 전문 개발기관
이라는 책임감을 갖고 각 나라의 PPP 주관 정부부처 및 공공기관과
G2G 베이스로 PPP 사업을 추진하는 방안을 논의해왔다. G2G 협
력을 통해 가장 효율적인 협력방안을 도출해내는 것이 그 첫 번째
목적이었으며, 이를 통해 배타적 사업개발권을 확보하고 상대방 정
부와의 협력하에 사업을 개발하여 PPP 사업을 경쟁 없이 수의계약
으로 추진하는 것이 궁극적인 목표였다.

그러한 관점에서 첫 번째 G2G 협력 성공사례는 방글라데시 민
관협력청PPPA: Public Private Partnership Authority과의 PPP 조인트 플랫폼
이라고 할 수 있다.

방글라데시 PPPA와의 협력

방글라데시는 2010년 PPPA를 설립하고 PPP 사업의 추진을 활성화하기 위해 노력하였으나 여러 가지 현실적인 장애로 인해 성공적인 추진에 어려움을 겪었다. 이를 타개하기 위해 생각해낸 방안이 각국의 PPP 주관기관과 PPPA 간의 MOU 체결을 통해 양국이 협력하여 PPP 사업을 개발할 수 있는 PPP 조인트 플랫폼을 만드는 것이었고, 이는 2017년 'PPP Guideline Policy'로 법제화가 되었다.

구체적인 내용을 보면, PPP 조인트 플랫폼을 통해 양국이 희망하는 PPP 프로젝트들을 소개하고 추가적인 검토를 통해 PPP 사업 추진에 합의하면 투자국의 PPP 기관이 해당 사업에 대한 투자자를 추천할 수 있다. 추천받은 투자자는 방글라데시의 담당부서와 협력하여 사업에 대한 타당성조사를 거쳐 구체적인 실행조건을 협의하여 최종적으로 PPP 프로젝트에 대한 계약을 할 수 있도록 한 것이다. 이 전 과정은 다른 나라들과 경쟁 없이 수의계약으로 이뤄진다.

방글라데시 PPPA는 2017년 법제화 후 KIND가 설립되기 전인 2018년 상반기에 일본 및 싱가포르와 MOU 체결을 마치고 세 번째 협력국가를 찾고 있었다. 필자는 2018년 10월 한 인프라 세미나에서 방글라데시 PPPA의 부청장을 만나 상기 프로그램에 대한 설명을 듣고 바로 추진을 진행했다. 2019년 4월 1일에 KIND가 한국을 대표하여 한국-방글라데시 간의 MOU에 서명했고 이후 본격적인 PPP 프로젝트 협력이 추진되었다.

2019년 7월 서울에서 열린 1차 조인트 플랫폼에서 방글라데시

표 41 _ 한/방글라 조인드 플랫폼 추진 합의 사업

구분	프로젝트	사업규모 (Mil. $)	한국 사업주	방글라 에이전시
2차 플랫폼	다카-마이멘싱 고속도로	500	SK건설	RHD
	다카 순환철도	8,500	GS건설, SK건설	BR
	마타바리-마두나갓 송전선로	200	GS건설	PGCB
3차 플랫폼	메그나 대교	1,000	대우건설 현대건설 도로공사	BBA

※ RHD : Road & Highway Department(방글라 도로청)
　 BR : Bangladesh Railway(방글라 철도청)
　 PGCB : Power Grid Corporation of Bangladesh(방글라 송전공사)
　 BBA : Bangladesh Bridge Authority(방글라 교량청)

측은 14개, 한국에서는 10개 프로젝트를 제안하였으며 반년에 걸친 논의와 준비를 통해 2020년 1월 방글라데시 다카에서 개최된 2차 조인트 플랫폼에서 도로, 철도, 송전선로 등 3개 프로젝트의 추진이 합의되었다. 2020년 하반기에는 3차 조인트 플랫폼을 통해 기 합의된 3개 프로젝트의 진행을 구체화하고 추가적인 협력사업을 발굴할 예정이었으나 코로나 19 사태로 지연되던 중, 11월 12일에 웨비나로 미팅을 개최하여 메그나 대교 사업에 대한 한국팀의 사업개발을 합의하고 다카 지하철 등 3개 프로젝트에 대한 추가검토를 논의하였다.

Joint PPP Platform Meeting

1st Joint PPP Platform Meeting (2019년 7월, 서울)

2nd Joint PPP Platform Meeting (2020년 1월, 방글라데시 다카)

파라과이 철도공사와의 MOU

파라과이는 160여 년 전인 1857년 남미 최초의 철도가 건설되었던 나라이다. 그러나 그 후에 체계적인 인프라 관리에 소홀하다 보니 2000년대 들어 노후화로 모든 철도의 운행이 중단되어 실제로 운영되고 있는 철도가 없는 나라가 되었다.

다른 모든 개발도상국처럼 도시화와 인구의 수도 집중으로 수도권 교통난에 고심하던 파라과이 정부는 오래전부터 수도 아순시온을 중심으로 철도를 부활하여 수도권 출퇴근을 위한 광역철도를 개발하겠다는 구상을 하였지만 재무적, 기술적 어려움으로 제대로 추진하지 못하고 있었다. KIND는 이에 착안하여 사업발주를 위한 사업타당성조사 용역을 지원하고 최종적으로는 한국팀을 리드하여 사업에 참여할 준비를 하고 있다.

2020년 8월, KIND를 중심으로 한 한국팀은 코로나 19의 어려운 상황에서도 파라과이를 방문하여 주요 기관들에게 한국팀이 구상하고 있는 사업의 추진 방식을 설명하고 파라과이 기업들과의 협업, 기술이전 및 현지화를 통해 파라과이에 도움이 될 수 있는 사업 제안을 하였다. 그 결과 파라과이 철도공사인 FEPASA와 관련 사업 추진을 위한 업무협약MOU을 체결하였고, 사업타당성조사 용역에 대한 요청서를 받아 과업에 착수하였다.

KIND는 일련의 작업을 통하여 파라과이 정부와 추가적인 사업 추진을 협의 중이며 철도, 도로 등 교통인프라뿐 아니라 발전, 도시개발 등 다른 부문의 사업개발 기회도 모색할 계획이다.

파라과이 철도사업 관련 G2G 협력

KIND와 **FEPASA**의 **MOU** 체결 (2020년 8월)

스리랑카 태양광발전 사업

스리랑카는 방글라데시와 같은 법제화된 G2G 베이스 PPP 협력체
계는 따로 없다. 그러나 다른 나라의 정부 또는 정부기관이 제안한
PPP 사업에 대하여는 관련 부서에서 판단 후 국무회의 승인을 받아

수의계약으로 사업권을 부여할 수 있다.

KIND는 2019년 우리 기업의 요청을 받아 KIND 이름으로 태양광발전 사업에 대한 제안을 했고 약 6개월 정도의 절차를 거쳐 2019년 말에 내각 승인을 받았다. 해당 사업은 스리랑카 정부와 합의된 일정에 따라 사업타당성조사가 진행되고 있으며, 그 결과에 따라 발전사업에 대한 실시협약 조건을 논의할 계획이다.

KIND는 우리 기업들과 협력하여 'LNG to Gas' 발전 프로젝트, 발전 IPP 등에 대한 프로젝트를 G2G 베이스로 추진하기 위해 스리랑카 정부와 협의 중이다.

03
KIND의 발전을 위한 방안

KIND가 나아가야 할 길

KIND는 설립 2년간 약 10건의 프로젝트에 대한 투자를 확정했고 현재 약 80여 개의 프로젝트를 딜 파이프라인Deal Pipeline으로 확보하여 사업개발을 추진 중이다. 많은 우리 기업들이 KIND 설립 이후 해외개발사업 추진에 큰 힘을 받아 어느 때보다 긍정적인 분위기가 형성되고 있으나 이를 지속하고 더 많은 성공사례를 만들어내기 위해 KIND가 가야 할 길은 아직 멀다고 생각한다.

KIND의 일원으로서 지난 2년간을 반성하며 앞으로 KIND가 더 노력해야 할 과제에 대해서 정리해보았다.

표 42 _ KIND 투자확정 프로젝트

*단위: Mil. $

국가	사업명	사업내용	EPC 수주액	KIND 투자액
카자흐스탄	알마티 순환도로	66km	181	15
칠레	탈카 태양광발전	10.4MW	11	7
폴란드	폴리체 PDH/PP 플랜트	40만톤/연	1,260	57
칠레	마리아 핀토 태양광발전	6.3MW	6	4
네팔	UT-1 수력발전	216MW	394	55
칠레	과달루페 태양광발전	6.5MW	7	4
베트남	흥옌 한/베 경협 산업단지	148Ha	77	5
베트남	에코파크 APT 개발		99	48
인도네시아	프로볼링고항 물류설비		3	2
합계			2,038	197

개발 역량의 강화

말 그대로 조직과 구성원의 해외사업개발 역량을 강화하는 것이다. 글로벌 디벨로퍼에 뒤지지 않는 인적 네트워크, 각 산업에 대한 전문지식, 사업구조화 및 협상 능력 등 모든 측면에서의 노력이 필요할 것이다. 이를 위해서는 기존 인원의 역량을 강화함은 물론 역량 있는 외부인력의 과감한 수혈도 동시에 진행되어야 할 것이다.

트랙 레코드 확보

글로벌시장에서 디벨로퍼를 평가하는 기준은 "지금까지 어떤 프로젝트를 성사시켰는가?"이다. 즉, 검증된 실적이 중요하다. KIND는 설립 2년밖에 안 되지만 시장에서는 수십 년 역사와 경험을 갖고 있는 전 세계 최고의 디벨로퍼와 경쟁하는 일이 많다. 객관적인 실적을 인정받기 위해 좀 더 적극적으로 다양한 사업개발 참여와 성공 사례 확보가 필요하다.

재무 역량의 강화

많은 사업개발 프로젝트에 참여하기 위해서는 든든한 자기자본과 양질의 차입금 조달능력이 필요하다. KIND의 경우 초기 작은 자본 규모에서 출발하였으나 정부가 의지를 갖고 지속적인 자본 확충에 대해 고민하는 것으로 알려져 있다. 따라서 정부의 지원으로 자본 을 확충하되 장기적으로는 KIND 스스로 투자한 사업에서 투자수 익을 창출해서 재투자하는 자본의 선순환을 만들어내야 할 것이다.

또한 해외개발사업을 성사시키기 위한 금융주선 역량 강화가 필 요하다. 항상 다양한 금융조달원들과의 네트워크를 확보하고 시장 의 트렌드 및 새로운 금융기법을 배워 사업에 적용할 수 있도록 하 는 준비가 필요하다.

KIND 투자 프로젝트 : 칠레 탈카 태양광발전 프로젝트(운영중)

KIND 투자 프로젝트 : 폴란드 폴리머리 폴리체 PDH/PP 프로젝트(건설중)

사후관리 역량 강화

KIND가 초기에는 하나라도 많은 프로젝트를 성사시키기 위해 노력하지만 프로젝트가 완성된 후에는 시공·운영기간 동안의 사후관리가 중요하다. 또한 투자가 누적되어 포트폴리오가 구축되면 이를 체계적으로 잘 관리하고 재무적 시너지를 만들어내고 적정 시점에 엑시트Exit할 수 있도록 자산관리 역량도 확보되어야 할 것이다.

투자정책의 유연성

KIND는 설립 초기부터 비교적 합리적이고 유연한 투자정책을 갖고 사업개발에 참여하고 있으나 우리 기업들은 보다 적극적이고 더 유연한 투자정책을 요구하고 있다. KIND가 대주주로서 나서는 방법, 브라운 필드Brownfield 사업 참여, 우리 EPC가 없는 사업 참여 등 다양한 관점에서 KIND의 적극적인 참여를 요구하고 있어 이에 대한 검토와 공감대 형성이 필요할 것으로 보인다.

중소·중견기업 지원

해외개발사업은 프로젝트 파이낸스를 기본으로 하다 보니 신용도가 떨어지는 중소기업이 주도한 프로젝트의 추진이 쉽지 않은 게 현실이다. KIND는 설립 초기부터 다양한 중소기업 지원 프로그램을 준비하였고 중소기업과의 사업개발 성공사례도 만들어내었다. 앞으로도 중소기업 참여 사업의 신인도 제고를 위해 KIND의 적극적인 지분참여, 차입금융Debt Financing 지원 등을 통해 뱅커빌리티를 제고하고 금융기관들을 설득하는 노력을 해야 할 것이다.

Marubeni
마루베니상사

메이지유신이 일어났던 1858년 삼베 행상으로 시작한 마루베니상사는 자동차 및 전자 등 제조업과 함께 일본의 경제성장을 견인한 5대 종합상사 중 하나이다. 특히 곡물과 전력 분야에서 일본 5대 상사 중 1위를 유지하고 있다. 1960년대 들어 발전 기자재 판매 및 건설 사업을 시작하였고 이후 신흥국에서의 전력수요 증가 기회를 활용하여 민자발전사업IPP에 뛰어들어 현재 18개국에서 60개 발전소를 운영 중이다.

한국 기업들과는 인도네시아 찌레본 1, 2 석탄화력발전 사업에서 중부발전과 협력하였고, 베트남 응이손 2 석탄화력발전 사업에서 한국전력과 협력 중이다.

마루베니는 100년이 넘는 무역 실적과 국제시장 정보, 일본국제협력은행JBIC 및 일본 상업은행들의 유리한 금융을 활용하여 발전부문에서 공격적인 사업확장을 시도해왔다. 또한 전 세계 다수의 발전소 운영 경험을 통한 공격적인 전력단가Tariff 제시로 세계적인 IPP 메이저들과의 경쟁입찰에서 우위를 나타내고 있다. 2020년 현재 세계 18개국에서 60개 발전사업을 운영 중이며 총발전용량은 41.6GW(자기지분용량 12.6GW)에 이른다.

마루베니는 풍부한 영업 및 마케팅 실적을 기반으로 세계적인 수준의 글로벌 IPP 포트폴리오를 보유하고 있다. 또한 개발에서 건설, 운영과 유지보수에 이르기까지 발전사업의 전 영역에서 필요한 EPC와 O&M 및 프로젝트금융에 관한 풍부한 지식과 경험을 갖추고 세계적인 거점 네트워크를 통해 프로젝트 개발 및 자산관리를 실행하고 있다. 대부분의 사업은 안정적인 수익 기반의 장기 전력구매계약PPA에 의해 보장되고 있다.

마루베니는 개인의 영업력을 바탕으로 한 저돌적인 기업문화를 가진 무역상사로 유명하다. 보고서 등의 서류작업 위주가 아닌, 다소 무리할지라도 영업력을 바탕으로 사업을 추진하는 영업 중심의 기업문화를 갖고 있다.

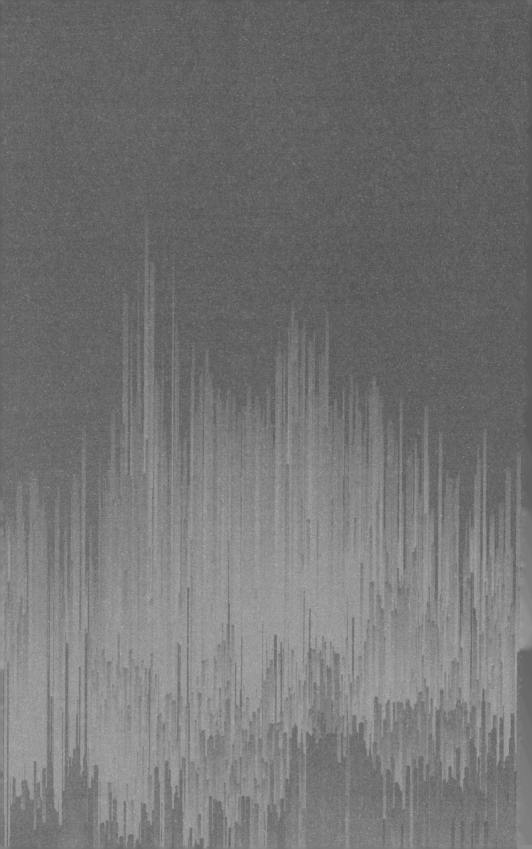

VI

우리 기업의
해외개발사업 사례분석

01

터키 유라시아
해저터널 프로젝트

[사업 개요]

Project Name	터키 Eurasia Tunnel
Project 개요	- 보스포러스 해협에 아시아-유럽을 연결하는 14.6km 4차선 해저터널 건설공사 - TBM(해저) 3.34km, NATM 구간 포함 5.4km - Double Decker, 연결도로 9.2km - MRG(최소수입보장) 및 터키 재무부의 DAA(채무인수보증) - '16년 12월 개통
사업주	SK그룹(50%), Yapi Merkezi그룹(50%)
총사업비	USD 1,250 Mil
공사비	USD 800 Mil
시공사	SK건설, Yapi Merkezi그룹 JV
사업 형태	투자개발형 입찰사업(BOT, PPP)
금융 조달	EIB, EBRD, KEXIM, K-SURE

SK건설의 야심찬 첫 출사표

유라시아 해저터널 프로젝트는 SK건설이 최초로 참여한 글로벌 PPP 입찰 프로젝트였다. 당시 SK건설은 새로운 성장동력으로 해외투자개발사업의 참여를 모색하던 중이었고 라오스의 수력발전

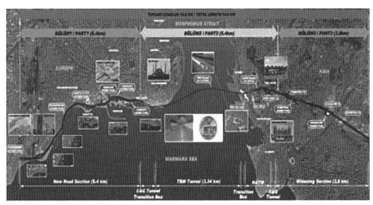

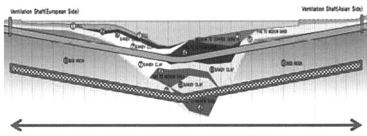

TBM T/L (L=3.34km)

사업권 인수와 싱가포르 주롱 아로마틱스 프로젝트를 그룹 차원에서 추진하면서 교통인프라 부문에서도 글로벌시장에서의 경쟁입찰을 통해 제대로 된 프로젝트를 수주하겠다는 꿈을 키우던 시기였다.

한편 터키 정부는 100년 넘는 숙원이었던 보스포러스 해협의 남쪽지역을 동서로 연결하여 이스탄불의 만성적인 교통난을 해결하겠다는 의지로 2008년 8월에 BOT 방식의 해저터널을 포함한 도로 PPP 사업 입찰을 실행하였다. 터키 정부가 처음으로 실시하는 대형 PPP 사업에 글로벌 투자자들을 유치하기 위해 치밀하게 준비하여 제공한 안전장치는 크게 세 가지였다.

- 최소교통량보장MTG: Minimum Traffic Guarantee : 최초 日 68,000대
- 채무인수보증계약DAA: Debt Assumption Agreement : 프로젝트 파산 시 관련 차입금 상환의무를 터키 정부(재무부)가 인수
- 미 달러화 연동 통행료 조정 : 통행료에 매년 미 달러 환율변동을 반영

이에 따라 프랑스의 방시, 일본의 타이세이, 오바야시 등이 사업 참여를 검토하고 있었다. SK건설은 사업을 수주하겠다는 생각보다는 첫 번째 해외개발사업 입찰 참여에서 배우고 경험을 축적하여 역량을 키우자는 차원에서 터키의 건설사인 야프 메르케지YM: Yapi Merkezi 그룹과 팀을 이뤄 입찰에 참여하게 되었다.

입찰의 평가는 가격이 아닌 운영기간Concession Period으로 결정하

는 것으로, 운임Tariff과 최소교통량보장MTG을 고정한 채 얼마나 빨리 사업권을 터키 정부에 반환할 것인가를 제시하는 경쟁이었다. 입찰을 위해서는 공사비를 포함한 투자비, 금융조달비용, 운영비용 등을 잘 계산하고 예상매출과 비교하여 기대수익률하에 얼마나 빨리 회수 가능한지를 계산해야 했다. 따라서 이러한 입찰에서는 제반 변수에 대한 예측과 재무모델의 정확한 작성이 필요했다. SK건설로는 처음 하는 해외 PPP 사업이었고 모르는 것이 많은 상황에서 따져야 할 변수가 매우 많았던 입찰이었다. 당시 SK건설의 PF실장으로 재무모델 작업을 주관했던 필자는 너무나 많은 변수의 불확실성과 불가측성으로 제대로 자신 있는 결론을 낼 수 없었던 기억이 난다.

유라시아 터널 유럽 사이드 진입로 전경

입찰에는 프랑스의 방시와 SK 팀이 참여했다. 프랑스 팀이 월등히 짧은 기간을 제시해서 우선협상대상자가 되었으나 터키 정부와의 협의 과정에서 너무나 많은 조건들을 제시하여 협상이 결렬되었고 최종적으로 실격되어 SK 팀이 수주하게 되었다. 이후 수년간의 실시협약 협상 과정에서 방시가 주장했던 많은 조건들이 오히려 터키 정부에 의해 반영된 점을 생각해보면 SK가 운이 좋았었다고 생각된다.

우여곡절 끝에 우선협상자가 되었으나 실시협약과 금융종결까지는 4년이 더 소요되었다. 2008년 말의 글로벌 금융위기의 영향으로 PF 시장이 여건이 좋지 않았고 이스탄불이 2천 년 역사의 고도古都이다 보니 환경·사회영향평가ESIA에 대한 심도 있는 논의가 필요했다. 끊임없는 대화와 협상을 통해 터키 정부로부터 시공비 조정, 부가세 면세 등을 얻어내고 채무인수보증계약을 명확히 하는 등 터키 정부의 적정한 리스크분담을 이끌어내어 마침내 2012년 12월 100% MDB와 한국 ECA로 구성된 9억 6천만 달러의 프로젝트 파이낸스 계약에 서명할 수 있었다.

난이도 높은 시공을 조기완공

시공 과정도 대규모 TBM^{Tunnel Boring Machine}을 이용하여 연약지질을 많이 포함하고 있는 보스포러스 해협의 수심 100미터가 넘는 지역에 3.4킬로미터의 터널을 굴착하고 접속도로를 연결하는 난이도가 높은 공사였다. 유라시아 터널 프로젝트에 사용된 TBM은 독일산으로 직경이 5층 건물 높이인 13.7미터, 길이 120미터, 총중량이 3300톤에 이르고 가격도 천억 원에 가까운 고가였다. TBM은 하루 25톤 트럭 100대분의 토사를 배출해내며 7미터씩 전진해나갔고 SK건설과 YM 팀은 4년의 시공기간을 거쳐 공사를 3개월 이상 조기완공하였다. 2016년 12월에 개통되어 현재 4년 넘게 운영 중이다.

유라시아 터널의 운영은 프랑스 전문업체인 에지스Egis사가 담당하고 있는데 한국 기업으로서는 첫 번째 해외 도로 PPP 사업이라 한국의 운영기술을 반영할 수 없었던 것이 아직도 아쉽다.

SK건설은 유라시아 터널 프로젝트의 성공으로 본격적인 해외 인프라 시장에 데뷔할 수 있었고 이를 통해 대구경 TBM 기술을 중심으로 시공 역량, 대규모 프로젝트 파이낸싱 능력 등을 확보할 수 있었으며 글로벌 PPP 시장에서 대외적인 신인도가 크게 상승하였다. 이러한 역량과 신인도의 향상은 이후 터키 차나칼레 대교 사업, 카자흐스탄 알마티 순환고속도로, 런던 실버타운 터널 프로젝트 등의 성사로 이어졌다.

02

터키 차나칼레 대교 프로젝트

[사업 개요]

Project Name	터키 Canakalle Bridge
Project 개요	- 현수교(3,623m) + 연결도로(85km) - Minimum Traffic Guarantee - Hard Currency Payment - Escalation Adjustment(연간 Toll 매출 CPI 연동)
사업주	SK건설(25%), 대림산업(25%), Yapi Merkezi그룹(25%), Limak(25%)
총사업비	EUR 3,200 Mil
공사비	EUR 2,500 Mil
시공사	SK건설(25%), 대림(25%), Yapi Merkezi그룹(25%), Limak(25%)
사업 형태	투자개발형 입찰사업(BOT, PPP)
금융 조달	KEXIM, K-SURE, SC Bank, 터키 Garanti 은행 등

사업 입찰을 두고 펼쳐진 한일전

유라시아 터널이 터키 이스탄불 지역 보스포러스 해협의 유럽과 아시아 지역을 연결한 것과 같이 차나칼레 대교는 다르달네스 해협의 유럽과 아시아 지역을 연결하는 터키 북서지방의 중요한 교통 연결점이다.

터키 정부는 2017년 1월 유라시아 터널 프로젝트와 같은 방법으로 차나칼레 대교 및 연결도로 사업에 대한 BOT 방식 입찰을 실시하였다. 이번에는 한국, 일본, 이탈리아의 3개국에서 터키 현지 건설사와 팀을 이뤄 입찰에 참여, 경쟁을 하게 되었다.

입찰팀 구성 현황

한국팀 : 대림산업, SK건설, 야프 메르케지(Yapi Merkezi), 리막(Limak)
일본팀 : 이토추상사, JOIN, JEX, 마키욜(Makyol), 누롤(Nurol)
이탈리아팀 : 아스탈디(Astaldi), 이쉬타스(Ictas)

한국팀은 지난번 유라시아 터널의 공동투자사였던 SK건설, YM그룹 연합에 대림산업과 터키 최대 건설사인 리막Limak사가 합류하여 건설사 4사의 조합이 되었다. 대림산업의 현수교 건설 기술과 유라시아 터널을 성사시킨 SK/YM의 사업개발 및 프로젝트금융PF 조달역량이 잘 결합된 형태였다.

우리 국토교통부는 이미 2016년부터 해당 사업에 대한 사업타당성조사 용역을 지원하였고 국토부 차원의 수주지원단을 구성하여 터키 정부를 방문하는 등 적극적인 수주외교를 펼쳤다. 일본도 담당장관이 터키를 방문하여 에르도안 총리와 면담하는 등 한, 일 간의 국가대항전 형태로 경쟁이 진행되었다.

입찰 평가는 터키의 전통적인 인프라 BOT 방식으로 운임과 MTG가 결정된 상황에서 운영기간Concession Period을 입찰하는 것이 었다. 입찰의 최종 결과는 한국팀이 일본과 이탈리아 팀을 누르고 사업권을 확보할 수 있었다. 일본팀을 이길 수 있었던 한국팀의 가 장 중요한 전략은 사전공사, 즉 선착공이었다. 사업협약 이후 1년간 의 금융기간을 제공하고 금융종결 시점부터 운영기간이 개시되는 점을 이용하여, 금융종결 이전에 건설을 시작하는 방법으로 일본팀 대비 7개월 이상의 기간을 단축할 수 있었고, 이를 통해 금융의 강 점을 갖고 있던 일본팀을 물리치고 입찰에서 승리할 수 있었던 것 이다. 외국계 시공사를 선정할 예정이었던 일본팀은 금융약정 이전

터키 차나칼레 대교

에 시공사를 선정하여 사전공사에 착수하기 쉽지 않을 것으로 예상한 전략이 주효했던 것으로 판단된다.

SK건설 입장에서는 9년 전 유라시아 터널 프로젝트의 경험을 살려 재무모델의 정합성을 제고하고 금융구도에 대한 확신과 강화된 협상능력을 갖고 사업에 임할 수 있었다.

올해의 프로젝트 상

차나칼레 대교 프로젝트는 또 다른 터키의 금융위기에도 불구하고 1년 안에 프로젝트 파이낸스를 성공적으로 종결하였다. 한국수출입은행, 한국무역보험공사가 10억 유로를 선제적으로 참여하였고 유럽계, 중국계, 한국 및 터키의 상업은행들을 추가로 참여시켜 유라시아 터널 사업의 3배에 가까운 23억 유로의 대규모 금융이 잘 마무리된 것이다. 그 결과로 차나칼레 프로젝트의 PF는 세계 12개 기관으로부터 2018년 프로젝트 파이낸스 '올해의 프로젝트 상Deal of the Year Award'을 수상했다.

2022년 준공을 앞두고 있는 차나칼레 대교는 총교량길이 3.6 킬로미터에 주탑 사이의 거리인 주경간장 2023미터로 일본의 아카시 대교를 누르고 세계 최장거리 현수교의 기록을 새로 쓰게 될 예정이다. 2013년 우리나라 최장 현수교인 이순신대교(총교량길이 2260 미터, 주경간장 1545미터)를 합작하여 건설했던 대림과 SK가 또 다른 역사를 만들어낸 것이다.

03

인도네시아 찌레본
석탄화력 프로젝트

[사업 개요]

Project Name	인도네시아 Cirebon CFPP
Project 개요	- 인니 자바섬 Cirebon시 - 660MW 규모의 석탄화력발전소 건설 및 운영 - 인니 국영전력공사(PLN)와 30년 전력판매계약 체결 - 인니 석탄회사(Kideco, Adaro)로부터 연료 공급
사업주	Marubeni(32.5%), 중부발전(27.5%), 삼탄(20%), PT.Tripatra & PT.Indika(20%)
총사업비	USD 850 Mil
공사비	USD 592 Mil
시공사	두산중공업
사업 형태	BOO
금융 조달	KEXIM, JBIC, 상업은행

인도네시아에 사업을 집중한 중부발전

찌레본 석탄화력발전 프로젝트는 1997년 인도네시아를 시작으로 벌어진 아시아 금융위기 이후 인도네시아에서 최초로 발주된 대형 석탄화력 민자발전사업IPP이었다. 2006년 중부발전은 일본의 마루베니상사, 한국의 ㈜삼탄 및 인도네시아 기업인 P. T. 인디카와 협력, 컨소시엄을 구성하여 사업권을 획득하였다.

찌레본 석탄화력은 660MW 규모로 BOO 사업이다. 마루베니의 사업개발능력에 중부발전의 발전소 운영능력을 중심으로 코리안 콘텐츠를 극대화한 모범적인 해외사업개발 사례로 평가된다. 중부발전과 삼탄이 투자자로 47.5%의 투자지분을 차지했고 운영은 중부발전, 설계는 한전기술, 시공은 두산중공업이 담당했다.

1982년부터 인도네시아 칼리만탄에서 P. T. 키데코를 운영하며

인도네시아 찌레본 석탄화력

유연탄 생산사업을 시작하였던 ㈜삼탄은 연료인 석탄과 인도네시아에 대한 전문성을 살려 찌레본 사업에 참여하였는데, 키데코가 직접 석탄을 공급하고 키데코의 합작주주인 P.T. 인디카와 함께 주주로 참여하여 사업구조를 완성하였다. 그리고 가장 중요한 PF는 한국수출입은행이 일본의 JBIC와 협력하여 Multi-ECA 프로젝트 파이낸스를 성사시켰다.

찌레본 프로젝트 이후 중부발전은 인도네시아 사업을 더욱 강화하여 왐푸, 땅가무스 두 건의 수력발전 프로젝트를 연이어 성사시켰고, 1320MW 규모인 탄중자티 석탄화력의 운영 및 유지보수O&M 사업을 수주하였다. 또한 찌레본 1차 사업의 파트너들이었던 마루베니상사, 삼탄, P.T. 인디카와 다시 결합하고 일본의 추부전력을 추가로 참여시켜 1000MW 규모의 찌레본 2 석탄화력발전소 사업을 수주하여 현재 건설 중이다. 최근에는 한국전력이 주주로 참여하고 두산중공업이 시공을 맡은 인도네시아 최대 석탄화력 프로젝트로 2000MW 규모인 자와Jawa 9, 10 프로젝트에도 기술지원 용역사로 참여할 예정이다.

인도네시아에 대한 중부발전의 집중적인 해외사업 추진과 성공은 2000년대 초반 한국전력이 필리핀에서 체계적이고 연속적으로 해외사업에 성공했던 것과 함께 가장 성공적인 로컬라이제이션Localization 사례로 평가된다.

04

파키스탄 파트린드
수력발전 프로젝트

[사업 개요]

Project Name	파키스탄 Patrind Hydropower
Project 개요	- 용량 : 147MW, 연간발전량 : 632GW - Run of River 방식(수로식 발전) - 건설기간 : 48개월(2012.1~2016.12) - 운영기간 : 30년(2017.1~2046.12)
사업주	K-Water(80%), 대우건설(20%)
총사업비	USD 436 Mil
공사비	USD 289 Mil(TIC의 약 66%)
시공사	대우건설
사업 형태	BOOT(Build-Own-Operate-Transfer)
금융 조달	ADB, KEXIM, IFC, IsDB

수자원공사 최초의 해외투자사업

파트린드 수력발전 프로젝트는 파키스탄 정부가 심각한 전력난 완화를 위해 '2002 Power Policy(전력정책)'에 의거 국제 경쟁으로 발주한 프로젝트이다. 입찰은 2005년 5월에 실시되었으며 그 당시에

7개의 수력 프로젝트가 'Green Field' 프로젝트로 발주되었는데 파트린드 프로젝트는 가장 높은 입찰 경쟁률 끝에 두바이 소재의 알구레어Al-ghurair 그룹의 ETA사가 개발권 낙찰을 받았다.

해외 투자개발사업 경험이 전혀 없었던 수자원공사K-Water는 처음에는 투자 목적이 아닌 O&M 계약 수주를 위해 2007년 6월 현지 출장을 통해 파키스탄 전력 관련 정부기관을 만났고 파트린드, 굴푸르, 코트리 등 3개 프로젝트의 현장답사 및 개발사들과의 미팅에 참여하고 돌아왔다. 그런데 사업주인 ETA사가 2008년의 금융위기와 다른 사업들이 어려움을 겪으면서 파키스탄 사업 철수를 결정하고 수자원공사에 사업권 인수를 요청하였다.

수자원공사는 사업개발 성사를 위해 국내 민간기업과의 동반진출을 고려하였고, 현지 시공 경험이 가장 많은 삼부토건과 파키스탄 인프라스트럭처의 상징이 되는 라호르-이슬라마바드 고속도로(360km)를 건설하고 라오스에서 수력 IPP를 개발한 경험이 있는 대우건설을 우선적으로 접촉하였으며, F/S 보고서를 양사에 전달하고 기술검토 및 현지실사를 추진하여 긍정적인 의견을 받았다.

2009년 1월 수자원공사의 최초의 해외투자사업 참여를 위한 파트린드 사업에 대한 투자사업 심사를 통과한 후 투자 및 자금운용 심의위원회, 경영전략회의를 거쳐 2009년 2월에 사업 참여에 대한 최종 의사결정인 이사회 의결을 거쳐 공식적인 사업 인수협상에 착수하였다. 사업의 인수는 '2002 Power Policy'의 규정을 준수하기 위해 우선적으로는 49% 지분만 참여하고, 파키스탄 전력위원회 PPIB의 수자원공사에 대한 듀 딜리전스와 승인 후에 100% 지분을 한국 컨소시엄이 인수하는 것으로 방침을 결정하였다.

사업 인수에 대한 공식 협상은 2009년 4월에 두바이에서 있었으며, 2박 3일의 마라톤 협상에도 불구하고 협상이 결렬되었다. 협상결렬 사유는 한국 컨소시엄은 49%의 지분으로 참여하지만 100% 지분 인수를 목표로 하고 있으므로 사업의 정상적인 추진을 위해 수자원공사가 조기 경영권과 운영관리권, 잔여지분에 대한 콜옵션 Call Option과 EPC 업체 선정권을 갖는 것을 ETA가 보장하라는 것에 대해 ETA 측에서 거부의사를 표명하였기 때문이다.

ETA 입장에서는 콜옵션이 결국 한국 컨소시엄의 권리가 되므로 지분을 100% 매각한다는 보장이 없다는 것을 우려하여 자기들이 풋옵션Put Option을 갖겠다고 주장하였다. 며칠 후 파키스탄에서 있었던 2차 협상에서 양측이 조금씩 양보를 하여 경영권은 한국 컨소시엄이 100% 지분을 인수할 때까지는 ETA가 행사하되, O&M/EPC에 대한 권리, 그리고 콜옵션을 수자원공사 컨소시엄이 갖는 것으로 협상이 완료되었다. 2009년 5월 서울에서 ETA와 한국 컨소시엄 간에 구주인수계약Share Purchase Agreement과 주주협약 Shareholders' Agreement을 체결하여, 수자원공사 최초의 해외투자사업이 출발하게 되었다.

PPIB의 한국 컨소시엄에 대한 실사와 특별 승인을 거치고 2009년 9월 한국 컨소시엄이 콜옵션을 행사하여 파트린드 프로젝트의 100% 지분을 확보하고 수자원공사 주도로 프로젝트의 본격적인 개발이 착수되었다.

파트린드 프로젝트는 파키스탄의 '2002 Power Policy'에 의해 발주된 수력 민간발전사업IPP 중에서 최초로 진행된 사업으로, 표준 양허계약서에 따라 진행해야 했다. 표준 양허계약서는 파키스탄 정부와 사업주 간에 체결하는 실시협약IA, 전력구매자와 SPC 간에 체결하는 전력구매계약PPA, 지방정부와 SPC 간에 체결하는 물 사용계약WUA, 토지 사용 계약LUA으로 구성되어 있었다.

파키스탄 정부에서는 최초로 실행되는 수력 IPP이다 보니 다른 후발 IPP 사업의 선례가 된다는 점에서 매우 보수적으로 접근하여 협상에 어려움이 많았다. 수없이 많은 협상과 상호 이해가 필요하였다.

또한, 댐의 위치가 KP 주정부와 AJK 정부의 경계가 되는 쿤하르 강에 위치하여 물 사용료 배분 문제가 양 주정부 간에 큰 갈등요인이 되었는데, 이렇게 2개의 정부와 관련되는Trans-boundary 프로젝트는 파트린드가 처음으로 향후 다른 수력 사업들에도 선례가 적용되게 되어 풀어야 하는 과제와 갈등이 많았다.

'2002 Power Policy'에 의해 발표된 수력 IPP의 표준 양허계약의 특징은 발전소의 용량Capacity을 기준으로 요금을 결정한다는 것이다. 즉, 발전소가 가동준비 상태Ready for Generation에 있으면 실제 전력공급 여부에 관계없이 용량요금Capacity Charge을 지급하고 발전량에 따라서 에너지요금Energy Charge을 지급하는 이부 요금Two Parts Tariff 구조이다.

파트린드 프로젝트의 PF에는 KEXIM, ADB, IFC, IsDB 등 1개의 ECA와 3개 국제금융기관이 참여하였다. 처음에 KEXIM은 수력발전 사업 특성상 코리안 콘텐츠가 미미하여 사업의 외화가

득률이 낮다고 지원에 주저했었고, 국제 금융시장의 위기가 닥치면서 금융조달의 불확실성이 높아지는 등 외부환경도 악화되었다. 그러나 2009년 KEXIM에 녹색성장금융부가 신설되면서 본 사업을 CDM^Clean Development Mechanism 사업으로 재평가하고, 지원명분을 외화가득률이 아닌 공기업의 해외진출 지원이라는 정부정책 지원으로 선회하면서 금융협의가 재시작되었다. 2009년 7월에 KEXIM으로부터 'Support Letter'를 수령하였고 KEXIM이 ADB를, ADB가 IsDB와 IFC를 참여시키면서 대주단이 결성되었다. 또한 이슬람 금융 방식이 일부 사용되었다.

대우건설과 삼부토건이 본 사업에 지분투자자이자 EPC 계약자로 참여하였으나, EPC 가격과 실적 등에 대한 검증이 필요하였다. 또한 전력구매자인 NTDC가 시공사들이 주주로 참여하므로 EPC 가격의 검증이 필요하다는 입장이었고 대주단도 이에 동조하여 결국 한국 시공사들을 대상으로 제한경쟁입찰을 실시하기로 하였으며, 2009년 12월에 최저가를 제시한 대우건설-삼부토건 J/V가 EPC 우선협상대상자로 선정되었다.

프로젝트 파이낸스로 시행한 최초의 수력 IPP 사업

우선협상대상자로 지정된 대우건설과 삼부토건은 기본설계에 착수하였다. 설계 과정에서 지하 침사지^Underground Sand Trap를 개방형^Open Type Sand Trap으로 바꾸었고 발전소 위치를 좀 더 지질적으로 안정성이 높은 지역으로 이전하는 설계변경을 SPC에 제안하였다. 물론 EPC 금액은 이전과 동일한 조건이었다. SPC는 설계를 변경하는 것과 특히 발전소 위치를 바꾸는 것에 상당한 거부감을 갖고 있었다. 또한 '2002 Power Policy'에 의한 최초 사업으로서 F/S 당시의 설계를 바꾸어 시공한 선례가 없었고, 설계를 변경할 경우 PPIB의 POE^{Panel of Experts}의 승인을 다시 받아야 한다는 의견을 PPIB로부터 접수했기 때문이다. PPIB의 승인에 시간이 얼마나 걸릴지, 또한 승인이 될지에 대한 불확실성이 높은 상황에서 SPC는 NEPRA의 규정 중에서 설계변경을 시공 착수 이전에 할 수 있다는 조항을 찾아내 PPIB를 설득하였고, 설계변경을 밸류 엔지니어링^{Value Engineering}으로 논리를 전환하여 승인 없이 추진할 수 있게 되었다.

발전소 위치 변경 문제는 특히 심각한 문제였다. 무엇보다도 변경 위치가 주거지역이라 주민 이주가 발생하기 때문이었다. 기존 파트린드 프로젝트는 주민 이주가 없다는 것이 가장 매력적인 것이었는데 주민 이주가 발생할 경우 대주단으로부터 PF 승인에 어려움을 겪을 것이라는 우려가 높았으며 그 우려는 나중에 현실이 되었다. 또한 시공 과정에서 다시 설계변경 이슈가 발생했는데, 이것이 상업운영 시 요금 결정에 큰 갈등요인이 되었다.

수많은 대정부 협상, 시공사와 협상, 대주단 협상을 거쳐 2011년 7월 EPC 계약과 금융협상에 근거한 요금을 NEPRA로부터 승인받았으며 2011년 12월 금융계약서에 서명하였다. 금융계약 서명 후 예비공사에 착수하였으며 250개가 넘는 선행조건^{CPs}을 이행하여 2012년 12월 파이낸셜 클로징^{Financial Closing}에 성공하였다. 약 5년간의 시공을 완료하고 2017년 1월 상업발전에 성공하였다.

파트린드 사업은 한국 기업이 해외에서 프로젝트 파이낸스 방식으로 시행한 최초의 수력 IPP 사업이며, ADB, IFC, IsDB 등 주요 MDB들이 신디케이션으로 참여한 사업이다. 파키스탄 '2002 Power Policy'에 의한 최초 수력발전 사업이자 파키스탄 최초로 외국인이 투자한 수력 사업이기도 하다. 본 사업에는 월드뱅크그룹의 IFC는 물론 정치적 위험 부보를 위해 MIGA도 참여한 특별한 사업이라 할 수 있다. 본 사업은 2013년 4월 UNFCCC에 CDM 사업으로 등록하여 연간 27만 톤에 해당하는 탄소배출권을 확보하였다. 본 사업의 양허계약을 모델로 해서 한국의 남동발전에서 개발한 굴푸르 수력 등 후속 수력 IPP 사업들이 진행되었으며 여러모로 파키스탄은 물론 한국 기업들에게도 특별한 의의를 가지는 프로젝트가 되었다.

05

라오스 세피안-세남노이
수력발전 프로젝트

[사업 개요]

Project Name	라오스 Xe-Pian Xe-Namnoy Hydropower
Project 개요	- 생산된 전력의 대부분을 태국의 EGAT가 수입하는 Cross Border PPA 프로젝트 - 발전 용량 : 410MW - 170km 송전선로 건설 - 양허기간 32년 - '13년 Financial Close 후 '19년 말 상업운전 개시
사업주	SK건설(26%), 서부발전(25%), Ratchaburi(태국)(25%), 라오스 정부 (24%)
총사업비	USD 1,030 Mil
공사비	USD 680 Mil
시공사	SK건설
사업 형태	투자개발형 제안사업(BOT, PPP)
금융 조달	Kurung Thai, Thai EXIM

Cross Border IPP 사업(국경을 넘는 수력발전 수출 사업)

세피안-세남노이 프로젝트는 국내 기업들의 해외개발사업이 본격적으로 시작되기 전인 1990년대 중반 동아건설에 의해 추진되었던 해외개발사업이었다. 그러나 1990년대 후반 금융위기로 인해 동아건설의 경영여건이 어려워졌고 프로젝트가 장기간 표류하다 2005년

SK건설이 사업권을 유상으로 인수한 프로젝트이다.

세피안-세남노이 프로젝트는 라오스 메콩강 지류와 볼라벤 고원지대의 풍부한 강수량을 이용한 수력발전 사업으로, 개도국으로는 특이한 라오스의 넉넉한 전력사정을 고려할 때 태국으로 전기를 수출해야 하는 크로스보더Cross Border 발전사업이었다. 발전의 생산국가와 소비국가가 다르고 IPP 사업으로는 드물게 170킬로미터 이상의 송전선로를 포함하고 있는 난이도 높은 해외개발사업이었다.

SK건설은 태국의 최대 민간발전사업자인 라차부리파워, 한국의 서부발전과 스폰서그룹을 구성하였다. 또 라오스 발전사업의 특징으로 일정 지분을 라오스 정부가 참여해야 하는 관례에 따라 라오투자공사LHSE가 주주로 참여하였다. 지분율은 SK건설이 26%, 라차부리와 서부발전이 각 25%, 라오스 LHSE가 24%로 4개 사가 거의 비슷한 수준의 균형을 이루었다. 다만 SK건설이 1% 많은 최대주주이고 한국사들의 지분이 합쳐서 51%라는 정도가 최소한의 안전장치였다.

사업개발 과정에서 SK건설은 CEO를 맡아 경영총괄과 시공EPC, 서부발전은 COO와 발전소 운영, 라차부리는 CFO와 감리, LHSE는 라오스 정부 관련 업무를 담당하였다.

사업개발 9년 만에 공사 시작

세피안 프로젝트는 라오스 정부와의 실시협약, 태국 전력공사인

EGAT^{Electricity Generating Authority of Thailand}와의 전력구매계약^{PPA} 체결에 이어 2014년 5월에 PF 서명을 완료하고 공사가 시작되었다. SK 건설이 사업권을 인수한 지 9년 만이었다.

수력발전 사업은 주로 개발도상국에서 발전에 적합한 지역을 찾기 위해 도심에서 많이 떨어진 원격지에서 이뤄지는 경우가 대부분이다. 공사 난이도가 높고 생태계 및 지역사회에 미치는 영향이 커서 사업의 일정 및 개발비용이 크게 늘어날 가능성이 높다. 세피안-세남노이 프로젝트도 NGO들의 멸종위기 어류에 대한 문제제기 등으로 MDB, ECA들과의 환경·사회영향평가^{ESIA} 과정이 길고 복잡하게 진행되었다.

결국 상대적으로 환경에 대한 검증절차가 덜 복잡한 태국 로컬 금융기관들을 중심으로 PF가 완성되었다. 태국 EGAT와의 PPA상 전력대금 지급이 50% 미달러화, 50% 태국 바트화로 구성됨에 따라 환리스크의 방어를 위해 프로젝트 파이낸싱도 50% 미달러화, 50% 태국 바트화인 듀얼 커런시 파이낸싱^{Dual Currency Financing}으로 이뤄졌다.

한편 재정이 취약했던 라오스 정부 LHSE의 지분참여는 실시협약상 스폰서그룹이 투자재원을 주선해주어야 했는데, SK와 한국 수출입은행이 새로운 발상을 통해 한국 EDCF의 장기저리차관을 주선하여 모범적인 PPP 형태의 안정적인 사업구조를 완성하였다. EDCF 지원 규모는 약 8천만 달러로 40년 만기(15년 거치, 25년 분할 상환), 연 0.025%의 초저금리로 라오스 정부의 찬사를 받았다.

그러나 건설 마지막 시점인 2018년 여름 집중폭우로 인한 물막 이용 새들댐 붕괴로 적지 않은 인명이 희생되었고 준공이 지연되며 EGAT와의 PPA 약정을 맞추지 못하는 사고가 발생하였다. 2019년 말 보완공사를 마치고 태국에 안정적으로 전기를 공급하고 있다.

06

칠레 마리아 핀토
태양광발전 프로젝트

[사업 개요]

Project Name	칠레 마리아 핀토 태양광
Project 개요	- 칠레 Maria Pinto시 6.3MW 태양광 발전소 - 건설기간 : 9개월 - 사업기간 : 25년 - 요금구조 : PMGD(소규모 발전사업자) 제도
사업주	한양전공(19%), KIND(26%), 한국수력원자력(55%)
총사업비	USD 8 Mil
공사비	USD 6.2 Mil
시공사	한양전공
사업 형태	BOO
금융 조달	한국수력원자력, KIND, 주주대여금

중소기업 한양전공의 과감한 도전

한양전공은 1978년에 설립되어 40년 이상의 업력을 가진 수배전반 설비의 제조를 전문으로 하는 중소기업이다. 회사는 태양광발전용 인버터 등을 생산하며 신재생에너지의 시공 및 운영까지 사업을 확장하였다. 한양전공은 이러한 회사의 기술력을 해외에서 펼쳐보고자 3년에 걸쳐 사업기회를 모색하던 중 칠레에서 마리아 핀토^{Maria Pinto} 태양광발전 사업을 발굴하고 사업개발을 추진하였으나 곧 어려움에 봉착하고 말았다.

해외사업에 실적이 없는 중소기업이 추진하는 사업이라 금융권의 관심을 끌기 어려웠고 발전용량 6MW 수준으로 100억 원 미만의 소규모 사업이다 보니 프로젝트 파이낸스 시장의 최소규모 이하로 취급하겠다는 금융기관이 없었다.

결국 한양전공은 KIND의 문을 두드렸다. KIND 입장에서는 중소기업의 소규모 사업이지만 기술력을 기반으로 투자 및 사업개발 의지가 있는 중소기업의 해외사업을 꼭 성사시켜서 향후 유사한 계획을 갖고 있는 회사들의 좋은 선례를 만들어야겠다는 사명감이 있었다.

일단 제도권 금융시장의 PF가 아닌 주주대여금 형태의 자금조달로 사업의 재무구조를 단순화하기로 하였으나 KIND 혼자서 감당하기는 부담스러웠다. 제3의 파트너를 찾던 중 원자력발전을 중심으로 하는 국내의 최대 발전회사이지만 해외 신재생에너지 시장의 진출을 막 시작하려고 하던 한국수력원자력공사를 찾아 사업을 소개하였다.

 수차례의 논의와 조율을 통해 한수원 55%, KIND 26%, 한양전공 19%의 지분율로 주주구조에 합의하고 약 600만 달러의 차입금은 한수원과 KIND가 절반씩 대여하는 형태로 금융구조를 완성하였다. 시공은 한양전공이 맡았으나 발전소 운영은 사업의 안정을 위해 칠레 태양광발전소 운영경험이 풍부한 S에너지를 삼고초려 끝에 어렵게 유치하였다.

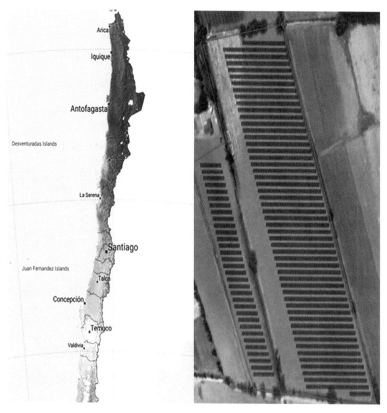

칠레 마리아 핀토 태양광

VI _ 우리 기업의 해외개발사업 사례분석

사업개발을 본격적으로 추진하던 2020년 8월, 코로나 19로 인한 어려움을 겪으면서도 더 이상의 사업 지연을 막기 위해 3개 주주사 및 S에너지를 포함한 4개 사의 실무진이 현장을 방문하여 최종 실사를 하였으며 9월 25일에 주주협약, 금융약정을 마치고 건설이 시작되었다. 칠레에 출장 갔었던 실무진들은 현지에서 보름, 출장 후 귀국해서 보름 동안 격리당하는 악조건을 무릅쓰며 사업을 추진하였다.

사실 KIND 입장에서는 두 번째 칠레 태양광발전 사업이었다. 2018년에 S에너지와 협력하여 탈카^{Talca} 태양광발전 사업에 참여, 이미 건설을 마치고 운영을 통해 투자비 회수가 시작되었기에 칠레 태양광발전에 대한 이해와 확신을 가질 수 있었다.

칠레 PMGD 태양광발전의 안정적인 사업성

칠레는 10MW 이하의 소규모 태양광발전 사업자를 의미하는 PMGD라는 제도를 운영하고 있다. PMGD 사업자는 생산된 전력의 우선 공급권을 갖고, 전기 공급 가격은 타 전력구매계약^{PPA}의 평균 가격에 향후 4년간의 현물가격^{Spot Price} 전망치를 반영한 안정화가격을 6개월마다 정부가 발표하여 적용하도록 되어 있다. 가격의 변동성 축소를 통하여 현물가격보다 훨씬 안정적인 사업성이 인정되어 국제금융공사^{IFC} 등의 MDB들도 적극적으로 참여하고 있으며 국내의 여러 발전공기업, 민간발전사들도 관심을 갖고 사업에 뛰어들고 있다.

KIND는 2018년 10MW의 탈카 프로젝트, 2019년에 6.3MW의 마리아 핀토 프로젝트에 이어 2020년에는 한수원과 함께 6.6MW의 과달루페Guadalupe 태양광발전 프로젝트에 대한 투자를 확정하고 공사 중에 있다. 세 차례의 칠레 소규모 태양광발전 사업개발을 통해 KIND는 시장과 사업성에 대한 분석 및 필요한 인허가, 금융조건, 법률관행에 대하여 숙지하고 추가적인 사업기회를 모색하고 있다.

07

폴란드 SK유로켐 프로젝트

[사업 개요]

Project Name	SKYPET Poland Plant
Project 개요	- 폴란드 바르샤바 북쪽 180km 떨어진 부어츠와벡(Włocławek) 지역 - PET Chip 14만 톤(연) 규모의 생산 공장을 건설하여 운영
사업주	SK케미칼(53%), SK건설(10%), LG상사(10%), Anwil(18%), EBRD(9%)
총사업비	USD 85 Mil
공시비	USD 55 Mil
시공사	SK케미칼 (PM: SK건설)
사업 형태	BOO
금융 조달	EBRD, KEXIM, Nordea bank, RZB

월드컵 응원과 함께한 PF 프로젝트

1987년 한국 기업으로는 최초로 PET칩 생산공장을 건설하여 운영하고 있던 SK케미칼은 자체 브랜드인 'SKYPET'의 우수한 품질과 SK네트웍스와 잘 협력한 글로벌 마케팅의 결과, 최대 수요처인 코카콜라 및 아시아지역의 주요 고객들로부터 좋은 평가를 받고 있었다. SK는 90년대 후반 울산공장에 2차 증설, 인도네시아 자회사인 P. T. SK끄리스SK Keris의 땅어랑 지역에 현지공장을 차례로 건설하며 사업을 확대하였고, 잠재력이 높은 유럽시장에 진출하기 위해 여러 지역을 검토하던 중 폴란드 최대 기업인 정유회사 PKN 올렌PKN Orlen의 자회사로 화학비료 및 PVC 수지 사업을 하던 안빌Anwil사를 만나 합작사업을 추진하기 시작했다. 1990년 이후 소련이 해체되고 동유럽이 자유주의 경제체제에 편입되면서 폴란드는 유럽시장의 가장 중앙에 놓이게 되었는데, 동서남북 사방으로 유통망이 열려 있는 생산 및 판매의 가장 좋은 위치였다.

SK케미칼은 10여 년간 인도네시아 프로젝트를 통해 모회사 자금과 지급보증을 통한 기업금융CF으로 해외사업을 추진할 경우 사업이 어려워지면 본사/모기업도 같이 어려워지는 경험을 겪은 바 있었다. 따라서 그러한 상황을 원천적으로 배제할 수 있는 프로젝트 파이낸스PF를 통해 사업을 추진하기로 하고 유럽지역의 MDB로 폴란드 사업에 관심이 많던 유럽개발부흥은행EBRD의 문을 두드렸다. 필자는 2002년 1월 25일 런던의 EBRD 본사를 처음 방문하던 기억이 아직도 생생하다. 아마도 내 인생을 결정한 중요한 몇 순간 중 하나였을 것이라고 생각된다. 결과는 SK그룹 최초의 유럽지역 투자 프로젝트, 최초의 PF 베이스 프로젝트의 성사였다.

최초로 경험하는 글로벌 PF 프로젝트였지만 모르는 용어를 하나씩 배우고 2002년 한일 월드컵을 같이 지켜보며 서로 한국, 폴란드, 영국, 미국 팀들을 응원해주고 격려하면서 반년 남짓한 기간 동안 PF를 완성, 그해 12월에 서명식을 할 수 있었다. 대주단으로는 EBRD와 한국수출입은행, 스웨덴의 노르디아은행Nordea Bank 및 오스트리아의 라이파이젠은행Raiffeisen Zentral Bank이 참여했다.

두 가지의 특이한 계약

SK유로켐 프로젝트는 사업개발 과정에서 두 개의 특이한 계약이 있었다. 첫 번째는 대주주인 SK케미칼의 지분출자 중 상당 부분을 현금이 아닌 현물로 출자하는 것이었는데, 그것도 유형자산이 아닌 무형자산의 현물출자였다. 아시아지역에서의 성공으로 제품의 품질과 브랜드가치에 큰 자부심을 갖고 있던 SK케미칼은 그 가치를 자본으로 인정해달라는 요구를 하였고 폴란드 합작사와 EBRD는 이게 무슨 소리냐며 황당해하는 반응을 보였으나 꾸준히 설득을 하였다.

결국 한국과 폴란드의 KPMG를 통해 SK케미칼이 경영에 참여하면서 발생하는 여러 가치, 특히 본사와 공동구매를 통한 원료구매 가격 할인효과, 브랜드 로열티, 기존고객 양도효과(이것은 최종적으로 인정받지 못했지만) 등을 수치로 평가받았고, 폴란드 법원과 6개월에 걸친 설득 작업을 통해 SK케미칼 자본금 2100만 달러 중 1250만 달러를 무형자산의 현물출자로 인정받을 수 있었다. 2014년 SK건설 400만 달러를 포함한 SK그룹 지분을 1억 달러 이상의 가치로 인도 회사에 매각한 결과를 감안할 때 현금출자 대비한 매각수익률은 1000% 수준에 이를 수 있었다.

두 번째는 이익보호계약Margin Protection Agreement이라는 다소 생소한 계약이었다. PET칩을 만들기 위한 원료로는 테레프탈산PTA: Purified Telephthalic Acid과 MEGMono Ethylene Glycol가 필요한데 PTA가 주 재료비의 70% 이상을 차지하고 있었다. 마진 프로텍션 계약이란 PET칩의 가격이 떨어져서 프로젝트회사가 손실을 입을 때를 대비하여 그럴 경우 원료가격을 할인해서 공급하는 계약이었다. PTA 공급자인 BP케미칼 측은 PTA의 원료인 아로마틱 플랜트의 파라자일렌PX 공급과 연계하여 내부적으로 'PX-PTA-PET칩'으로 연결되는 가치사슬을 보호하겠다는 전략이 있었고, 그에 따라 톤당 200달러의 마진 프로텍션을 제안해왔다. 시장에서의 PET칩 가격과 원료가격의 차이가 톤당 200달러 이하가 되면 PTA 가격을 인하하여 최소 200달러의 마진을 보장해주는 조건이었다.

필자가 SK의 울산공장, 인도네시아 현지법인의 원가와 폴란드 사업계획을 신중히 분석해본 결과 주 재료비를 제외하고 관리비, 금융비용을 포함한 폴란드 프로젝트의 PET 톤당 총원가는 235달러였다. 생산팀과 수일간의 논의를 통해 준공 후 2년 안에 10% 증산이 가능하다는 결론을 얻어 톤당 고정비 20달러 절감이 가능해졌고, 여러 부분의 원가를 재점검하여 톤당 15달러를 추가로 절감할 수 있다는 결론을 얻었다. 결국 35달러의 원가절감이 가능해져 주 재료비를 제외한 톤당 총원가를 200달러로 맞출 수 있었다. BP와 마진 프로텍션 계약을 통해 톤당 200달러의 마진을 보장받으면 회사는 생산만 제대로 유지될 경우 절대로 적자를 볼 수 없는 상황을 만들어낸 것이다.

격세지감을 느끼는 것은 당시 노트북 컴퓨터를 들고 엑셀 파일을 이용하여 원가 시뮬레이션을 하던 막내 대리 1년 차 사원이 이제는 SK케미칼의 임원이 되어 재무실장을 하고 있다는 것이다.

무형자산의 현물출자와 주 재료 공급자와의 마진 프로텍션 계약으로 SK케미칼은 최소한의 현금투자를 통해 유럽시장 한복판에 생산/판매 기지를 확보할 수 있었고, 처음부터 안정적인 수익구조를 만들어 영업 첫해부터 이익을 실현할 수 있었다. 그 결과 SK유로켐과의 경쟁에서 큰 어려움을 겪었던 후발사들로부터 강력한 러브콜을 받고 상상치 못했던 가격에 사업을 매각할 수 있었다.

08

폴란드 폴리머리 폴리체
PDH/PP 프로젝트

[사업 개요]

Project Name	폴란드 Polimery Police PDH/PP
Project 개요	- 폴란드 Police 지역 PDH/PP 플랜트 및 부대시설 - 생산용량: 폴리프로필렌(PP) 40만 톤(연) - 건설기간: 40개월 - 수익구조: 폴란드 국내 및 인근 유럽국 수출
사업주	Grupa Azoty(65%), 현대ENG 및 KIND(18%), Grupa Lotos(17%)
총사업비	USD 1,792 Mil
공사비	USD 1,120 Mil
시공사	현대엔지니어링
사업 형태	BOO
금융 조달	Alior Bank, Bank PKO, PZU, EBRD, Santander, BNPP, ICBC

깜짝 지분참여

2019년 4월 초 현대엔지니어링은 폴란드에서 석유화학 프로젝트의 공사입찰에 참여하던 중 발주처로부터 특이한 제안을 받았다. 1년 이상 진행된 공사입찰에서 이탈리아, 프랑스 경쟁사들과 치열한 경쟁을 한 결과 11억 달러가 넘는 프로젝트의 최종 입찰에서 근

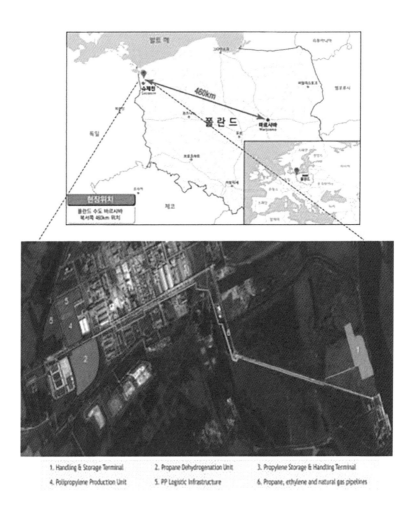

1. Handling & Storage Terminal   2. Propane Dehydrogenation Unit   3. Propylene Storage & Handling Terminal
4. Polipropylene Production Unit   5. PP Logistic Infrastructure   6. Propane, ethylene and natural gas pipelines

소한 차이로 1위를 차지하여 우선협상대상자의 자격으로 최종 협의를 하던 중이었다. 발주처인 폴란드 국영 석유화학회사 아조티Azoty사에서 정부의 외자유치정책에 따라 시공참여 조건으로 20% 수준의 지분참여를 요청해왔던 것이다.

당초 신규 투자개발사업이 아닌 아조티사 발주의 단순 시공입찰EPC Bidding로 참여했기 때문에 발주처의 제안은 당황스러운 것이었다. 20% 지분, 약 1억 4천만 달러를 투자하기에는 버거웠던 현대엔지니어링 측에서는 KIND에 공동투자 가능성을 타진해왔다. 당시 다른 건으로 베트남 출장을 준비 중이던 필자는 일단 사업성만 맞으면 한국 시공사를 지원하기 위해 KIND가 참여할 수 있다는 기본적인 확답을 하고 출국을 하며 실무진의 검토를 진행시켰다.

이후 한 달 만에 폴란드 발주처와 현대엔지니어링, KIND의 투자의향에 대한 기본협약에 서명할 수 있었고, 발주처-현대엔지니어링 간의 시공계약EPC Contract이 서명되었다. 그리고 1년간의 프로젝트 파이낸스가 잘 마무리되어 2020년 5월 31일에 금융약정 및 사업협약이 진행되었다. 다음 날인 6월 1일 일요일에 거행된 프로젝트 시작을 알리는 프레스 컨퍼런스에는 폴란드 대통령과 수상이 참여하여 성공적인 출발을 축하해주었다.

PDH/PP란 우리가 흔히 LPG라 부르는 프로판 가스에서 수소를 제거하여 프로필렌을 만들고 이를 에틸렌과 결합시켜 폴리프로필렌을 생산하는 공정으로, 정유공장에서 나온 납사Naphtha를 사용하여 폴리프로필렌을 만드는 석유화학 공정의 대체생산 프로세스이다. 미국 셰일가스의 생산이 확대되고 전 세계적으로 LNG 공급

망이 커지면서 상대적으로 수요가 위축되고 가격이 하락하고 있는 LPG의 가격경쟁력을 이용하여 최근 여러 나라에서 관심을 두고 있는 기술이다.

폴란드 최대 국영 석유화학회사인 아조티 그룹에서는 2014년 이후 PDH/PP 공장 신설을 위해 기술확보, 기본설계 및 시공사 선정을 통해 사업개발을 차근차근 진행하던 중이었다. 폴란드 PDH/PP 플랜트의 위치는 폴란드 바르샤바 북서쪽 460킬로미터 지점인 독일과의 국경 부근, 발트해 연안인 슈체친 인근의 폴리체 지역이다.

업계에서는 최근 해외건설시장에서 유행인 'EPC+F(시공자 금융주선 공사)'에 빗대어 폴란드 프로젝트를 'EPC+E(시공자 지분참여 공사)'라고 부르기도 한다.

오프테이커(Offtaker) 없는 PF 승인

폴란드 PDH/PP 프로젝트의 PF는 알리오르은행Alior Bank, 방크 페카오Bank Polska Kasa Opeiki, PZU금융그룹 등 현지 금융기관들이 중심이 되어 EBRD, BNP 파리바은행, 산탄데르은행 및 중국공상은행 등 외국계 금융기관이 추가된 대주단과 약 11억 달러의 금융이 완성되었다. 특이한 사항은 PF의 기본인 최종 생산품의 장기판매계약Offtake Agreement과 장기원료공급계약Feedstock Supply Agreement 없이 대주단의 승인을 받아 PF를 완성할 수 있었다는 점이다. 대주단이 폴란드를 중심으로 중유럽 지역의 원료 및 제품 수급, 가격변동에 큰 어려움이 없을 것이라는 확신을 갖고 금융을 승인해준 것인데, 통상적인 PF 시장에서 MDB, ECA들의 금융심사와는 크게 차이가 나는 파격적인 판단이라는 점에서 매우 새롭고 놀라운 일이다. 물론 메인 스폰서인 아조티사에 의해 원료공급과 제품판매를 연결하는 마진 프로텍션 계약과 유사한 형태의 계약이 체결될 예정이다.

09

베트남 스타레이크
도시개발사업 프로젝트

[사업 개요]

Project Name	베트남 하노이 THT 신도시 개발사업(Starlake City)

Project 개요	사업기간 : 2010~2020년
	약 56만 평(186 Ha) 규모의 신도시 개발
	  - 1단계 : 35만 평
	  - 상업 및 업무용지 조성 판매 (20만 평)
	  - 주거용 외 개발 및 주택건설/분양(8만 평)

사업주	대우건설(82%), PAC(18%)
총사업비	USD 2,530 Mil (1단계 : USD 1,070 Mil)
공사비	USD 520 Mil
시공사	대우건설
사업 형태	BOO(민간사업개발)
금융 조달	한국산업은행(KDB)

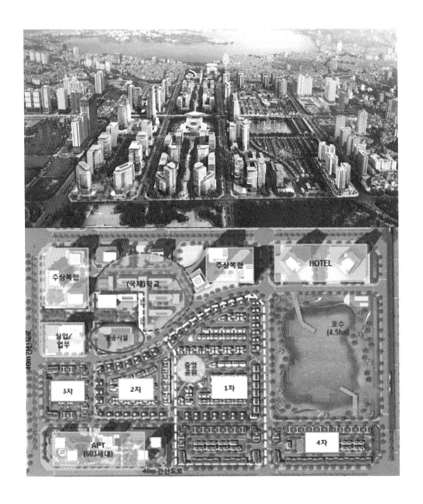

하노이의 한국형 복합신도시

대우건설의 스타레이크 사업은 우리나라와 베트남과의 국교가 수립되고 얼마 지나지 않았던 1996년부터 베트남 정부와 협의가 시작된 사업이다. 베트남 수도인 하노이에 한국형 고급 신도시를 만들겠다는 계획 아래 개발부지의 선정과 더불어 도시계획에 대한 구상을 시작하고 본격적인 사업개발을 구체화하는 과정에서 외환위기와 대우그룹의 해체 등으로 사업개발의 동력을 잃고 상당 기간 개발이 정체되기도 했었다. 그러나 포기하지 않는 끈질긴 노력으로 다시 추진을 재개하여 2006년 베트남 투자기획부의 승인을 받고 2010년부터 토지에 대한 보상작업이 시작되며 사업개발이 본격화되었다.

스타레이크 사업은 교통의 요지이며 하노이의 부도심으로 부상하고 있는 지역에 여의도 면적의 3분의 2 규모인 약 186헥타르의 부지에 주거, 사업, 업무, 행정 중심의 복합 신도시를 조성하는 사업이다. 계획도시의 중심부에는 3~4개의 고급호텔이 예정되어 있고 빌라, 아파트 및 주상복합시설을 포함 총 5500세대의 주택이 건설될 예정이다. 더불어 업무시설, 비즈니스센터, 연구소R&D Center, 다양한 쇼핑시설과 문화시설들이 조성될 예정이다. 또한 초·중·고등학교 등 교육시설, 공원, 인공호수, 녹지 등 각종 지원시설도 예정되어 있다.

특히 베트남 중앙정부의 8개 부처가 이곳으로 이전할 계획을 갖고 있고 이 사업지의 인근에 위치한 외교단지에는 이미 입주한 대한민국 대사관을 비롯하여 15개국의 대사관이 입주할 예정으로 머지않아 외교·행정의 중심지로서의 역할을 수행할 것으로 기대되고 있다.

전체 프로젝트의 택지 조성사업은 2단계로 나뉘어 진행되고 있으며, 1차인 115헥타르의 1단계 택지 조성사업은 완료가 되었으며

2단계 71헥타르의 일부는 보상이 진행 중으로 아직 농사용으로 쓰이고 있거나 지장물이 있는 상태로 되어 있다. 1단계 사업의 주거시설은 빌라 2016년, 아파트 2018년부터 분양이 시작되어 빌라 496세대는 공사가 완료되어 이미 대부분 입주하였고 아파트 603세대는 2020년 완공하여 현재 입주가 진행되고 있다. 1단계 지역의 정부청사용 토지를 제외하고는 대부분의 토지가 매수자가 확정되어 각 매수 주체별로 자체 개발사업(Sub Development)이 진행 중이다.

우리나라에서도 삼성전자, CJ그룹, 이마트를 비롯하여 여러 부동산 디벨로퍼들이 참여하고 있으며 부동산투자회사인 리츠를 활용한 건설투자도 진행되고 있다. 우리 기업 외에는 베트남 디벨로퍼들이 준비를 하고 있으며 일본 및 싱가포르의 몇몇 펀드들과도 투자협상을 진행하고 있다고 한다.

대우건설은 현지 자회사와 함께 프로젝트 회사인 THT사에 100% 지분을 투자하였으며 사업개발에 필요한 사업기획, 토지확보, 모든 인허가와 금융 및 마케팅 업무 등 전반적인 사업개발 과정을 독자적으로 수행하였다. 또한 현지 시공 경쟁력 확보를 위한 시공 현지법인을 설립하기도 하였다.

사업개발 과정에서 부동산개발에 관련된 현지 행정 관련 법률의 미비로 사업이 지연되기도 하였고 개인의 토지소유권을 인정하지 않는 한국과는 전혀 다른 토지제도와 복잡한 인허가 절차로 인하여 치밀하게 준비하지 않으면 승인이 마냥 늘어지는 등 많은 어려움을 겪으며 사업개발을 성사시켜 하노이 지역의 새로운 대표 신도시로 자리매김을 할 수 있었다.

대우건설은 자금조달 측면에서도 1단계 사업을 진행하며 공사기간 중 빌라 및 아파트 분양수익금의 50% 이상을 수금하여 전체 프로젝트 코스트의 70% 정도를 확보하였으며, 자기자본 외에 대주주인 한국산업은행으로부터 2억 달러 수준의 프로젝트 파이낸스만을 외부차입으로 조달하여 사업기간 중 안정적인 재무상태를 유지할 수 있었다.

10
베트남 흥옌 산업단지 프로젝트

[사업 개요]

Project Name	베트남 흥옌 한/베트남 경제협력 산업단지
Project 개요	- 하노이 남동쪽 30km 외곽 - 토지규모 148Ha - 한국 기업 등 진출을 위한 산업단지 조성 → 공장용지 분양
사업주	LH공사(35%), KIND(25%), 베트남 Ecoland(25%)
총사업비	USD 77 Mil
공사비	USD 37 Mil
시공사	미정
사업 형태	BOO
금융 조달	신한은행 베트남 법인

KIND의 첫 도시개발사업

LH공사는 2017년부터 수년간의 사업개발을 통해 미얀마 양곤 북측 10킬로미터에 위치한 야웅니핀 지역에 한/미얀마 협력산업단지KMIC 사업을 개발하여 2020년부터 공사를 시작하였다. LH공사는 미얀마에 이어서 베트남에 한국 기업들의 해외진출을 위한 부지확보 및 기본인프라 제공을 위한 산업단지 사업을 추가로 추진하였다.

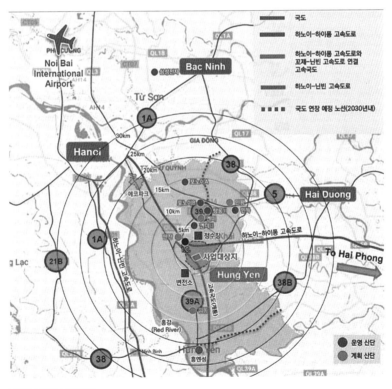

베트남 흥옌 산업단지

베트남 경제협력 산업단지는 하노이에서 30킬로미터 남동쪽으로 하노이-하이퐁 고속도로에 인접해 있으며 베트남 GDP의 28%를 책임진다는 삼성전자가 위치한 박닌성의 바로 남쪽에 위치하고 있다. 규모는 148헥타르(45만 평)의 부지에 주요 기반시설을 갖춰 분양할 계획이며 베트남 정부가 인정하고 있는 토지사용권 50년의 기간 동안 운영사업도 같이 수행할 계획이다.

LH공사는 흥엔성 현지에서 주거 및 복합단지를 개발하고 있는 등 상당한 사업경험을 갖고 있는 베트남 민간 부동산개발 그룹인 에코랜드사와 협력하여 사업을 추진하였으며, 여기에 KIND가 참여하여 안정된 스폰서 구조를 수립할 수 있었다. KIND 입장에서는 첫 번째 도시개발 분야의 프로젝트 참여이다.

흥엔 산업단지의 주요 입주 예정사들은 한국 기업 중 베트남 진출을 준비하고 있는 자동차 관련 기계/부품 제작사, 농기계 제작사 등 주로 기계분야 회사들이 많은 것으로 파악되고 있다. 사업주들은 이미 두 차례에 걸쳐 입주 희망 회사들로부터 충분한 수준의 입주의향서LOI 및 확인서LOC를 받은 상태이다

흥엔 산단 프로젝트의 금융조달은 부동산개발 사업의 특징상 전통적인 프로젝트 파이낸스PF만이 아닌 기업금융CF 형태로 진행할 계획이다. 즉 일정 차입금에 대해 각 주주들이 지분율 비율대로 지급보증을 하여 대출금리를 낮추는 방식으로 금융비용 절감을 통해 프로젝트의 수익성을 높이려고 한 것으로 보인다. LH공사가 미얀마 KMIC 프로젝트에서도 이미 활용했던 방법이다. 대출 금융기관으로는 신한은행이 선정되었는데, 베트남 신한은행은 2017년 호주

의 ANZ은행 베트남 영업부문을 인수하면서 베트남 내 최대 외국계 은행이 되었다. 또한 선분양과 계약 6개월 이내 분양대금 완납 조건을 통해 안정적인 자금수지와 수익성을 확보할 예정이다. 시공사는 경쟁을 통해 2021년 선정할 계획이며 시공사가 책임준공 및 하자보증을 하는 조건이다.

LH공사는 미얀마 KMIC, 베트남 흥옌 산단의 성공에 이어 인도네시아의 수도인 자카르타 서측의 브카시 지역과 베트남 중부지역에 추가로 산업단지 개발을 모색 중이다.

11

우리 기업 해외개발사업의
성공요인 분석

필자는 이 책을 쓰기 위해 우리 기업들이 해외에서 추진한 투자개발형 사업 50여 건의 내용을 살펴보았고 앞에서 그중 10개 프로젝트에 대한 내용을 보여드렸다. 프로젝트마다 지역, 상품, 경쟁관계, 시장규칙 등이 상이하기 때문에 전체를 아우르는 공통적인 성공 요소를 파악하기는 쉽지 않았다. 그렇지만 가능한 한 최대공약수를 찾아보기 위해 노력했고 필자의 개인적인 의견이지만 다음의 몇 가지를 해외개발사업 성공의 요인으로 제시하고자 한다.

성공할 수밖에 없는 결정적인 이유

그런데 개별적인 성공 요소를 언급하기 전에 먼저 말하고 싶은 것은 모든 성공한 사업에는 그 사업이 반드시 성공할 수밖에 없었던 결정적인 요소가 있었다는 점이다. 프로젝트의 사업구조화 과정에서 식스 이네이블러(사업주, 대주단, 원료공급자, 제품구매자, 시공자, O&M 계약자)를 잘 결합하고 그 현실에 맞게 각종 계약을 최적화하며 실행을 잘하는 모든 요소가 중요하지만, 그래도 이런 것이 있어 사업이 반드시 성공했다고 할 수 있는 부분(Killer Contents)이 있기 마련이다.

예를 들어 설명하면 한국전력의 일리한 복합화력의 경우에는 차별화된 한전의 운영능력이 중요했지만 응이손 2 석탄화력의 경우에는 마루베니와 협력하여 한/일 ECA를 동시에 유치할 수 있었던 파트너링이 그 관건이었다고 할 수 있다. SK건설의 경우 주롱 아로마틱스 프로젝트는 SK그룹 전체가 대주주로서 원료공급, 제품판매, 시공, 및 운영에 참여했다는 점 때문에 정유·화학 분야의 심한 시장변동성에도 불구하고 사업이 성사되었고 유라시아 터널 프로젝트는 최소교통량보장MTG, 채무인수보증계약DAA 등 터키 정부의 잘 준비된 PPP 제도가, 라오스 수력발전은 태국 EGAT와의 PPA가 사업을 가능하게 한 결정적 요인이었다고 할 수 있다. 칠레 마리아핀토 태양광 사업은 PMGD라는 소규모 발전사업자를 위한 정부의 지원제도가 사업성사의 설정직 요인이었다.

특히 이러한 요인들은 투자비의 가장 큰 부분을 공급하는 대주단의 초기 사업판단의 결정적인 요소가 된다는 것을 잊지 말아야 한다.

공통적인 성공 요소

다시 해외개발사업을 성사시킨 공통적인 성공 요소를 정리해보면 다음 사항들로 귀결된다.

의사결정권

첫 번째는 사업개발의 의사결정권 확보이다. 다시 말하면 지분비율을 높게, 가능하면 최대주주로 참여해야 한다는 점이다. 초기 해외사업개발을 리드했던 4개 회사, 한국전력, 삼성물산, 한국수자원공사, SK건설의 성공사례를 보면 거의 모든 프로젝트에 최대주주로 참여했다. 지분비율이 높다는 것은 사업에 대해 그만큼 많은 책임을 진다는 것이고 사업개발 과정에서 발언권을 높여 다양한 이해관계자의 이해관계 조정을 주도할 수 있는 추진력을 가질 수 있다는 것이다.

'시공이익 범위 내에서 투자'라는 보수적인 투자원칙을 갖고 있는 건설사들 입장으로는 실천이 불가능한 조건일 수 있다. 발상을 전환하여 KIND와 같은 전략적 파트너와 처음부터 협력을 같이 하거나 사안에 따라 해외사업개발의 투자원칙을 유연하게 하여 과감한 투자를 할 필요가 있을 것이다. 최근 몇몇 건설사들이 신재생에너지, 도시개발 등의 분야에서 건설투자자CI가 아닌 전략적 투자자SI로 포지션을 바꾸는 경우가 관찰되고 있는데 같은 고민의 결과라고 생각된다.

파트너

두 번째는 강력한 파트너의 존재이다. 파트너는 현지 사정에 밝고 낯선 나라에서의 시행착오를 최소화해줄 수 있는 로컬 파트너나 세계적으로 그 분야에 차별화된 경쟁력을 갖고 있는 글로벌 파트너로 대표된다. 물론 우리 기업이 갖고 있지 못한 결정적인 역량을 보완해줄 수 있는 기능별 파트너도 필요하나 크게는 앞의 두 종류로 양분된다고 볼 수 있다.

한국전력의 경우 필리핀 일리한 사업에서는 미쯔비시, UAE의 슈웨이핫 사업에서는 스미토모, 베트남 응이손 2 사업에서는 마루베니 등 일본 무역상사들과 협력했고, 사우디아라비아 라빅 사업에서는 사우디 아크와 요르단 사업에서는 이탈리아 에넬, 멕시코 노르테 2에서는 삼성물산과 협력하는 다양한 파트너링 전략을 수행했다. 현재는 인도네시아 자와 9, 10 사업에 현지 IPP 업체인 바리토 파시픽Barito Pacific 그룹과 협력하고 있다.

SK건설도 터키 유라시아 터널 사업에서는 현지의 야프 메르케지YM 그룹과 협력하여 성공시킨 후 차나칼레 프로젝트에서는 YM에다 터키 최대 건설업체인 리막 및 대림산업을 합류시켰다. 카자흐스탄 알마티 프로젝트에서는 현지에서 30년 이상 경험을 축적한 터키의 두 건설사 알라르코, 마키욜과 협력 및 한국도로공사를 참여시켰으며, 영국 실버타운 하저터널 프로젝트에서는 재무적 투자자인 맥쿼리 컨소시엄에 참여하여 영국 애버딘, 스페인 페로비알 등과 협력했다. 라오스 수력발전 사업에서는 태국 최대 IPP 업체인 라차부리, 한국 서부발전 및 라오투자공사LHSE와 협력하여 환상적인 파트너링을 보여주었다.

중부발전은 인도네시아 찌레본 석탄화력 사업에서 일본 마루베니상사와 협력했고 동서발전은 인도네시아 칼셀 석탄화력 사업에서 현지 강자인 아다로사와 협력을 했다. LH공사가 한/미얀마 경협산단을 미얀마 건설부와 협력한 것도 좋은 파트너링의 사례이다.

핵심역량

세 번째는 해외사업의 추진을 위한 각 회사의 핵심역량이다. 사업 운영 능력이든, EPC든, 사업의 밸류체인을 관통하는 비즈니스 인테그레이션 능력이든, 우월한 금융조달 능력이든 남과 차별되는 나만의 강력한 경쟁력이 있어야 좋은 파트너와 협력할 수도 있고 경쟁에서 우월한 실력을 발휘하여 사업권을 확보할 수 있다. 한국전력이나 수자원공사의 탁월한 운영능력, 대림산업의 현수교 건설 기술, SK건설의 대구경 TBM 공사 기술, 일본 무역상사들의 금융주선 능력 등이 그 좋은 예이다. 따라서 해외개발사업에 참여 시 우리가 어필할 수 있는 최고의 경쟁력이 무엇인지가 확실하게 준비되어야 한다. 또한 이것이 각 사의 수익모델로 연결되어야 할 것이다.

흔히들 우리 건설사들이 "EPC에서의 경쟁력을 잃었기 때문에 투자개발형 사업으로 가야 한다"는 말을 한다. 필자는 그 말에 동의하지 않는다. 투자개발형 사업은 EPC뿐만 아니라 운영, 금융, 투자자 구성 등 다양한 요소를 결합해서 경쟁을 하게 되고 금융이 취약한 일부 경쟁국 기업들이 참여하기가 쉽지 않다는 점에서 경쟁의 법칙이 다르기는 하나 EPC 경쟁력은 여전히 중요한 요소이다.

건설투자자^{CI}로 참여하는 경우에는 특히 그렇다. 우리 건설회사들이 해외개발사업에 참여할 때 잊으면 안 되는 중요한 사항이다.

의지와 지원

마지막으로 해외사업개발에 대한 포기하지 않는 끈질긴 사업개발 의지와 선사 차원의 지속적인 지원이다. 해외개발사업은 사업을 발굴하고 이에 대한 타당성을 확인하더라도 사업구조화 및 파트너링 과정, 사업에 필요한 각종 인허가, 각종 계약에 대한 협상, 금융주선 등 다양한 과업이 동시다발적으로 이뤄져야 하기 때문에 고도의 전문성이 필요하고 외부 변수에 민감하며 사업의 추진에 많은 시간이 걸리기 마련이다.

사업개발을 담당하는 임직원들은 항상 양치기 소년이라는 비난을 받는다. 아무리 계획을 치밀하게 짜고 여유를 가져도 항상 돌출 변수가 튀어나와 사업을 지연시키고 처음 구상과는 다른 모습으로 변화하기 십상이다. 물론 사업개발을 담당하는 구성원들은 이러한 변수에 항상 대비하고 빠르고 정확한 상황판단으로 대응책을 마련해야 하지만, 최고 경영층에서 이를 신뢰하고 지속적인 지원을 아끼지 않아야 사업을 성공할 수 있는 것이다. 사업개발을 담당하는 구성원들도 항상 사입의 큰 그림을 머리에 넣고 외부 변화에 잘 대응하며 개인과 조직의 역량을 키워 어려운 난제들을 지혜롭게 해결해 나가야만 할 것이다.

12

실패 경험을 통한 반성

앞에서 영광된 사업개발 성공 프로젝트들의 공통점을 확인해봤는데 반대로 사업개발 과정에서 당초에 목적한 단계에 이르지 못하고 좌초된 프로젝트들도 많이 있다. 그러나 실패한 프로젝트들의 경우 그 상세한 진행과정이나 실패 원인이 대외적으로 공개되어 있지 않아 구체적인 분석을 하기가 쉽지 않다.

그러나 필자가 직접 경험했거나 또는 간접적으로 접한 제한된 정보만을 갖고 따져보더라도 사업개발 실패의 공통된 원인이 몇 가지로 축약됨을 알 수 있다.

첫 번째는 국가 선정이다. 대부분의 인프라 사업개발은 PPP를 중심으로 정부와 연관되는 일들이 많은데 정부에서 프로젝트 개발 및 수행을 위한 법과 제도, 관련 인프라 및 기타 여건이 갖춰지지 않은 경우에는 사업 추진이 쉽지 않다. 필자가 아는 것만 해도 꽤 많은 프로젝트가 인프라 사업개발 여건이 갖춰지지 않은 나라에서 막연한 기대로 무리하게 추진하다 실패한 경우가 많이 있다. 따라서 처음 프로젝트 정보를 접할 때 그 소재지 국가에 대한 신중한 검토가 중요하다. 선행 프로젝트 사례, 정부의 지원역량, 현지 협력업체와 금융기관 활용방안 등도 잘 고려해야 한다.

두 번째는 최종 목적사업의 지배구조이다. 흔히 대규모의 자본이 필요한 사업을 위해 십시일반으로 여러 관련 회사들을 주주로 모으는 경우가 흔히 있다. 주주가 많아지고 사업의 결정적인 리더가 명확하지 않으면 사업개발 과정에서 발생하는 이해충돌을 잘 조정하기 어렵고 각자 자기 욕심만 부리면서 사업개발이 더뎌지고 사업의 수익성이 악화되기 마련이다. 결정적으로 프로젝트에 위기가 발생했을 때 취약한 모습을 보이게 된다. S그룹이 추진했던 싱가포르의 석유화학 프로젝트도 7개국의 10개 주주가 같이 참여하다 보니 시황이 악화되었을 때 위기극복을 위해 리더십을 발휘하여 의견을 통일하고 비상대책을 마련해서 추진하는 주체가 없어 시간만 보내고 사업을 회복시킬 수가 없었다. 따라서 개발하는 목적사업의 지배구조가 단순하고 스폰서그룹의 리더십이 명확해야 사업개발의 성공 가능성이 높아진다고 할 수 있다.

세 번째는 사업의 수익을 책임지는 각종 계약의 완전성이다. PPP 등의 제도가 아직 완비되어 있지 않거나 기존 법이나 제도와는 달리 예외적으로 사업을 추진하는 프로젝트들의 경우 실제 그 추진 과정에서 여러 주변 환경들이 제대로 정비되어 있지 않으면 사업개발의 진행이 쉽지 않다. S상사가 K국에서 추진했던 석탄화력발전 프로젝트의 경우 기존 정부의 IPP 경쟁입찰제도를 따르지 않고 국가간조약IGA: Inter Governmental Agreement에 기초하다 보니 계약에 대한 정부의 보증 등 실시협약Concession Agreement이 뱅커빌리티를 확보하기 쉽지 않아 오랜 기간의 노력에도 불구하고 사업을 철수하고 말았다. 같은 기간 K국에서 글로벌 입찰로 진행된 K국 최초의 도로 PPP 사업에서는 우리 업체가 수주하여 많은 어려움에도 불구하고 금융을 종결하고 공사 중인 것을 볼 때 법과 제도를 명확하게 해서 충분히 금융이 가능한 계약을 만들어내는 것이 중요하다.

　네 번째는 사업개발비의 투입이다. 사업개발을 위해서는 현지실사와 각종 조사, 자료수집이 필요하고 기본설계를 통한 사업비 산출 등 여러 초기작업과 자문료 등 많은 비용이 필요하다. 회사가 사업개발을 결심하면 이에 대한 부담을 각오해야 한다. 필자가 같이 협력했던 해외 디벨로퍼 중에는 이런 비용을 아끼기 위해 미래의 시공사 등 사업참여자들에게 의존하여 사업개발비를 아낀 사례들이 몇 번 있었는데 한 번도 목적사업의 개발에 성공한 사례가 없었다. 비용의 분담을 자꾸 남에게 의지하다 보면 사업개발자로서의 위치도 약해지고 각종 자료나 정보의 질적 수준도 확보하기 어려워지면서 시간만 흘러가는 경우가 대부분이다.

　다섯 번째는 경쟁력 확보의 이슈이다. 해외개발사업을 성사시키기 위해서는 그 사업을 남들보다 잘할 수 있는 차별화된 경쟁력이 필수이다. 시공이나, 운영이나, 아니면 금융에서 탁월한 우위를 확보해서 상대방 국가나 발주처에게 인정받을 수 있는 사업계획을 만들 실력이 있어야 하고, 없을 경우에는 부족한 실력을 보강할 치밀한 사업구조화 전략이 있어야 한다. KIND 설립 후 바레인, 인도네시아, 오만, 이라크 등에서 국내 기업들과 몇 번의 프로젝트 입찰을 진행하면서 2등을 많이 해봤다. 그러면서 우리의 실력이 많이 부족하구나 하는 생각이 들었다. 시장을 잘 이해하고 상대방의 실력을 파악해서 이길 수 있는 역량과 전략이 없으면 항상 2등 이상을 하게 될 것이다.

이렇게 실패사례의 교훈들을 생각해보면 성공사례 요인과 상호 대치되는 유사성을 발견할 수 있다. 결국 사업개발의 성공과 실패는 여러 중요한 요소들을 잘 만들어내느냐 아니냐에 달린 문제라는 생각이 든다.

그 밖에 시장에서 점검되지 않은 신기술을 활용한 프로젝트를 고집하다 금융권에서 외면받은 경우, 수익 통화가 현지통화인데 이를 헤지할 방법이 없어 사업이 성사되지 않은 경우, 주요 사업파트너가 선행 사업 등에서의 과실로 금융권 등의 신뢰를 못 받아 실패한 경우도 있었다.

이러한 시행착오들을 거울 삼아 사업선정 과정부터 신중하게 준비하고 전 개발과정을 통해 최선을 다해 우리의 경쟁력을 발휘해야 할 것이다.

엔지

엔지는 세계 최대 IPP 회사로 2008년 프랑스의 가스 드 프랑스Gaz de France와 수에즈Suez의 합병으로 탄생하였다. 2019년 현재 세계 70여 개국에서 650개 사업을 운영하고 있다. 총발전용량은 103GW(자기지 분용량 57.5GW)를 보유하고 있다. 2019년 총운용자산은 1598억 유로 수준, 매출액은 600억 유로 수준이다. 주요 자산으로는 카타르의 라스 라판 복합화력(2.7GW), UAE의 슈웨이핫 S2 복합화력(1.5GW), 모로코 의 사피 석탄화력(1.25GW) 등을 들 수 있다.

엔지는 발전뿐 아니라 배전, 에너지전환, 천연가스, 석유, 원자력발전 및 신재생에너지까지 사업을 점차 확장하고 있다. 엔지는 최대발전용량 보유 및 다양한 운영경험을 통한 안정적 수익을 기반으로 기보유하고 있는 전 세계 네트워크를 활용하여 시장과 상품을 점차 다각화하고 있다. 또한 벨 기에에서 인수한 트랙테벨Tractebel을 통해 발전사업 컨설팅과 엔지니어 링 사업도 영위하고 있다.

엔지는 해외 IPP 사업에서 가격경쟁력이 있는 EPC 업체를 입찰로 선정 하는 원칙을 갖고 있는데 한국 기업 중 대우건설(모로코 사피 석탄화력), SK건설(칠레 PIEM 석탄화력) 등이 엔지의 IPP 사업에 시공사로 참여한 사례가 있다.

2014년부터 엔지는 화석연료 발전을 줄이는 작업을 시작하여 2015년에는 그동안 주력이었던 석탄 발전사업 중단을 선언하였으며 2016년 신재생에너지 및 에너지효율 서비스에 막대한 투자를 함으로써 전략적인 변화를 시작하였다. 엔지는 탈 탄소에너지, 분산에너지, 디지털화된 에너지(에너지효율성 및 네트워크 관리를 위한 빅데이터 및 디지털도구) 전략을 내세워 에너지에 관련된 신기술에 15억 유로를 투자할 계획이다. 특히 지능형 네트워크(스마트 그리드), 사물인터넷, 그린 모빌리티, 에너지 저장 및 수소의 개발을 지원하는 전용 '엔지 팹ENGIE Fab'을 통해 혁신적인 신사업 추진에 박차를 가하고 있다.

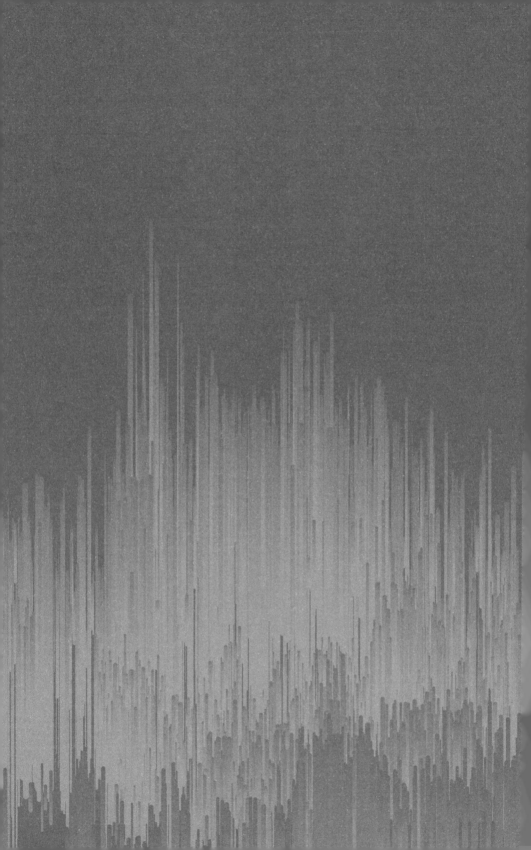

VII

맺는 글

01
해외개발사업의 미래

점증하는 인프라 갭의 해소

개발도상국들을 중심으로 인프라 개발에 대한 수요는 계속 증가할 수밖에 없을 것이다. 대부분의 개도국에서 인구의 대도시 집중화가 지속적으로 진행되고 있어 교통인프라, 발전, 환경 등 양질의 인프라와 도시개발에 대한 수요 증가는 필연적이고 단지 속도의 문제라고 할 수 있다. 그러나 개도국들의 부패와 관료주의, 낮은 신인도 및 사업의 난이도에 따라 금융권의 관심을 받지 못한 채 많은 사업들이 제대로 추진되지 못하고 있다.

예를 들어 필자가 추진했던 우간다 정유공장의 경우에는 일 20만 배럴의 생산이 가능한 유전을 갖고 있으면서도 정유공장 사업을 위한 제반 인프라의 부족과 원유채굴권을 갖고 있는 글로벌 오일 메이저들의 비협조로 정부의 강력한 의지와 준비에도 불구하고 10년 가까이 본격 추진을 못하고 있는 실정이다. UN 무역개발협의회UNCTAD와 OECD의 분석에 따르면 전 세계 인프라 수요 중 금융지원이 되지 않아 개발이 지연되고 있는 소위 인프라사업의 펀딩갭Funding Gap이 연 2.5조~2.6조 달러에 이른다고 한다.

그럼에도 불구하고 인류 역사상 최저 수준으로 떨어진 저금리 현상과 풍부한 금융시장 유동성에 의해 대체투자에 대한 관심이 늘어날 수밖에 없을 것이고 그 과정에서 인프라사업 등에 대한 투자개발 활동이 왕성해질 것으로 예상된다. 국내에서도 2020년 현재 800조 원에 이른 국민연금, 각종 연기금, 보험사 등 자산운용기관에서 지속적으로 수익성 높은 대체투자자산을 찾고 있어 해외 투자개발사업에 대한 관심이 늘어날 것으로 예상된다.

국내에서도 많은 건설회사, 인프라/유틸리티 기업, 에너지 기업들을 중심으로 해외에서 새로운 사업을 발굴하기 위해 해외사업개발에 대한 참여가 늘어날 것이다. 다만 우리나라뿐 아니라 선진국, 신흥국 등에서도 많은 기업들이 국가적인 지원을 바탕으로 참여하고 있어 그 경쟁도 점점 치열해질 것이다. 이러한 경쟁에서 이기기 위해서는 앞 장에서 언급했던 사업발굴, 사업구조화, 금융주선 및 협상 등 모든 부문에서 역량을 강화해서 사업개발 실력을 배양해야만 사업개발에 성공할 수 있다. 업계의 노력과 이를 위한 정부의 각종 지원책이 금융권의 기대를 만족시키고 현실화될 수 있도록 이 시장에 있는 모든 이들이 앞으로 더욱 노력해야 할 것이다.

선진국의 노후화된 인프라

한편 미국, 유럽, 호주 등의 선진국 시장에서도 2차대전 이후 1950~1960년대에 건설했던 도로, 철도, 터널 등 많은 교통인프라들과 발전설비들이 크게 노후화되어 이를 개선하거나 신설하는 수요가 꾸준히 나오고 있다. 이러한 사업들은 발주기관의 신인도가 높기 때문에 투자자 확보 및 금융을 조달하기는 어렵지 않으나 전 세계의 많은 건설사, 자산운용사들이 참여하여 치열한 경쟁을 보이고 있다.

우리 건설사들이 중국, 인도, 터키 등의 후발국 건설사들에 비해 원가경쟁력은 뒤질지 몰라도 장대교량, 대구경 터널 등 고난이도 토목공사에 대한 기술력과 인프라, 에너지 공기업 등의 운영능력은 우위를 가질 수 있으므로 프로젝트를 신중히 선별해서 팀 코리아를 잘 꾸미는 것이 중요하다. 선진 시장은 건설 관련 규정이 까다롭고 현지 협력 시공사, 노동력을 사용하는 데 매우 신중해야 하므로 충분한 경험이 있는 선진사들과 협력하거나 아니면 작게 시작해서 점차 경험을 넓히는 신중한 진입전략이 필요할 것이다. 국내 금융권의 풍부한 유동성을 어떻게 투자로 연결할 것인가는 역시 중요한 과제이다.

새로운 상품의 개발

한편, 프로덕트 측면에서도 지금까지의 전통적인 교통인프라, 발전,

도시개발 등의 수요에서 4차 산업혁명의 발전과 ICT가 결합된 새로운 융복합 사업의 개발 기회가 발생할 것으로 예상된다. 특히 우리나라가 경쟁력을 갖고 있는 고유의 ICT 융복합 상품 및 서비스들이 후발 개발도상국에 큰 혜택을 줄 수 있는 새롭고 강력한 힘을 발휘할 가능성이 높다.

KIND가 국내 기업과의 접촉을 통해 파악한 새로운 사업들로 이미 우리나라에서 기술과 활용도가 검증된 것들만 해도 아래와 같이 여러 사업을 들 수 있다.

- 전기/가스 원격검침 시스템
- 시니어 케어 시스템
- 메디컬 서저리 센터
- 환승형 교통카드 시스템
- 국토 정보 체계(지적 정보 시스템)
- 택배용 자동분류 시스템
- 콜드체인(초저온 냉동창고) 사업
- 농수산 도매시장(경매시스템) 사업

이러한 사업들은 초기 투자비가 많이 들지 않으나 문화나 행정체계가 다른 나라들에게 그 필요성을 잘 인식시켜 사업기회를 발굴하는 끈질긴 사업개발의 노력이 필요하다. 개발을 실행하기 위해서 사업별 특성에 맞는 수익모델의 개발과 핵심역량의 확보 및 맞춤형 금융모델을 통해 하나씩 성공사례를 만들어가야만 다른 나라와는

차별화되는 우리만의 경쟁력 있는 사업모델이 창조, 발전될 수 있을
것이다.

02

사업개발 성공을 위한 제언

프로젝트 파이낸스를 기반으로 하는 투자개발형 사업은 오랜 개발 기간, 다양한 여러 이해관계자와의 협상에 대한 인내심과 투자에 대한 신중하고도 결단력 있는 의사결정을 필요로 한다.

이러한 관점에서 마지막으로 사업개발을 잘하기 위해 무엇을 어떻게 잘해야 할 것인지를 다시 한번 정리해본다. 이미 앞에서 여러 번 언급된 것들이지만 후일 사업개발을 담당할 동료, 후배들이 잘 이해할 수 있게 정리해보았다.

사업발굴(Deal Sourcing)

해외사업개발을 위해 제일 중요한 요소이다. 양질의 사업을 발굴하는 것도 중요하지만 초기에 옥석을 잘 가려서 헛된 수고를 최소화 하는 판단능력을 갖추는 것도 필요하다.

사업발굴을 위해 가장 중요한 것은 적기에 시장정보를 확보하 는 것이다. 이를 위해 각국 정부, 개발사업자, 금융기관, 컨설팅/회 계/법률 회사 등 시장에 정통한 전문가 그룹과의 네트워크를 잘 갖 춰야 하며 트렌드에 뒤처지지 않게 각종 세미나/포럼에도 참여하고 관련 저널, 인터넷사이트 등도 지속적으로 살펴보아야 한다.

좋은 네트워크를 잘 유지하고 양질의 사업정보를 지속적으로 확 보하기 위해서는 우리 스스로가 그들에게 중요한 네트워크가 되어 야 한다. 꾸준히 실적Track Record을 만들어내고 우리의 투자 포트폴 리오를 강화해야만 핵심그룹의 인사이더로 대우를 받을 수 있을 것 이다.

사업구조화(Deal Structuring)

사업구조화 작업을 잘하기 위해서는 사업개발의 전 과정을 주도할 수 있는 프로젝트 매니지먼트 역량이 있어야 한다. 이는 조직의 역 량이기도 하지만 프로젝트를 담당할 프로젝트 매니저의 역량이기 도 하다. 차별화된 개인과 조직의 사업개발 역량에 축적된 경험과 지식이 있어야 가능한 부분이다. 사업개발을 위한 프로젝트 매니저 의 조건에 대하여는 뒤에서 다시 다루기로 한다.

사업구조화의 가장 중요한 부분은 좋은 파트너와 투자자를 확보하는 일이다. 나만의 차별화된 경쟁력을 바탕으로 각 지역별, 산업별 파트너군을 잘 관리하여 사업별로 적합한 파트너를 확보할 수 있어야 한다. 이를 위해서 앞에서도 언급한 것처럼 파트너들을 움직일 수 있도록 나만의 파워풀한 제안Offer을 제시할 수 있는 내재적 경쟁력을 갖추는 것이 중요하다.

그리고 아무리 좋은 파트너들끼리 모이더라도 사업개발 과정에서 이해의 상충으로 충돌이 일어나기 마련이다. 이를 스마트하게 조율할 수 있는 전략과 역량의 준비가 필요할 것이다.

금융(Financing)

앞에서 사업개발의 1단계 과정을 금융을 종결하고 착공을 할 수 있는 모든 조건을 갖추는 것이라 하였다. 이 과정에서 가장 중요한 것이 타인자본 조달을 위한 뱅커빌리티Bankability의 확보라고 할 정도로 프로젝트금융은 사업개발을 완성시키는 화룡점정이 된다.

이러한 과정에서 사업개발에 주로 활용되는 프로젝트 파이낸스는 지역, 상품, 파트너 구성 등 프로젝트의 특성에 맞춰 도출된 다양한 금융 옵션 중 최적의 방안을 찾아내는 일이 중요하다. 필자가 앞에서 초기에 프로젝트의 추진 여부를 판단하는 기준 중 하나라고 했던 "어디서 돈을 빌릴 것인가?"의 문제이다. 사전에 프로젝트 파이낸스에 대한 충분한 지식을 갖고 MDB/ECA들과 좋은 관계를 유지하면서 최대한의 지원을 유도해야 할 뿐 아니라 다양한 상업금융기관, 현지 로컬금융기관도 적절히 사용할 수 있어야 한다.

금융조달의 과정에서 사업개발을 위해 필수적인 요소인 제반 리스크의 관리와 사업에 대한 장기적인 출구전략Exit Strategy에 대한 부분도 간과하지 말아야 할 것이다.

계약(Contracts)

사업개발을 위해서는 다양한 계약이 체결되어야 한다. 그 계약 하나하나가 사업의 안정적인 운영을 위한 기반이 되어야 하고 사업참여자의 명확한 권리와 의무를 규정하여 상호간의 리스크를 제한할 수 있어야 한다. 구체적인 계약의 조건들을 살펴보면 아래와 같다.

- 정부협상을 통해 좋은 조건의 실시협약CA: Concession Agreement이 체결되어야 한다. 특히 PPP 사업의 경우에는 토지의 수용, 매출수익의 보장, 환리스크의 부담 등 민간사업주 보호를 위한 내용들이 잘 반영되어야 한다.
- 신뢰할 수 있는 판매Offtake 계약이 있어야 한다. 프로젝트 파이낸스 특성상 미래 현금흐름이 가장 중요한 사업의 담보이므로 이를 입증할 수 있는 판매처와 안정적인 판매조건이 갖춰져야 한다.
- EPC 및 O&M 계약을 통해 사업의 안정성을 도모하고 프로젝트 파이낸스를 활용할 수 있는 기반이 되어야 한다.

- 주주협약SHA: Shareholders' Agreement을 통해 주주 간에 기회와 이익을 공정하게 공유하는 체계가 확보되어야 한다.

내부지원(Supporting)

우리 기업들의 해외개발사업의 주된 분야인 도시개발과 인프라 부문은 사회, 환경에 큰 영향을 끼치게 된다. 따라서 사업개발 과정에서 철저한 환경·사회영향평가ESIA를 통해 지속발전 가능한 개발이 될 수 있도록 노력해야 한다. MDB를 비롯한 많은 금융기관들도 금융과정에서 ESIA를 매우 중시하고 있기 때문에 조직 내부적으로 이에 대한 준비가 중요하다.

사업개발 과정에서는 금융종결Financial Closing을 위해 외부자문단을 구성하여 사업에 필요한 모든 조건을 객관적으로 검증하고 사업주에 필요한 여러 조언을 하도록 하는데, 역량 있는 자문단을 잘 구성해야만 시행착오를 줄이고 양질의 금융조건을 확보할 수 있다. 역량 있는 자문단은 법인의 명성이나 실적도 중요하지만 실제로 그 법인 내에서 그 업무를 담당할 실무자가 더 중요한 경우가 많기 때문에 세심한 부분까지 잘 따져서 결정해야 한다.

보통의 경우 훌륭한 자문단을 구성하려면 비용이 올라가게 된다. 따라서 자문단을 잘 이용하고 불필요한 시행착오를 최소화하기 위해 내부에 역량 있는 전문가 그룹들이 이를 적절히 통제, 관리할 수 있어야 한다. 기술, 금융, 법률, 환경 등의 내부 전문가들을 확보하여 사업 초기에는 이들이 대부분의 필요한 조사와 검토를 수행하고 사업이 본격화되어 듀 딜리전스 등의 과정에서는 자문단과 잘 협력하여 효율적인 실사와 만족스러운 성과물을 만들어내도록 하여야 한다.

한국전력, 삼성물산, SK건설 등 해외사업개발을 선도했던 회사들이 초기부터 프로젝트 파이낸스 및 해외법무 조직을 만들어 전문가들을 양성했던 사실을 주목할 필요가 있다.

해외개발사업을 추진하다 보면 영광스러운 성공사례도 나오지만 그보다는 오랜 노력 끝에 사업개발을 실패하거나 목적한 사업 자체가 흐지부지되어 사라지는 경우가 더 많이 발생한다. 이러한 사업개발의 성공과 실패 사례를 'Lessons and Learned'로 잘 정리하여 지속적으로 반성하고 개선할 점을 잘 파악하여 향후 사업개발을 위한 좋은 경험으로 활용해야 할 것이다.

03

훌륭한 사업개발 전문가가 되는 길

(The long and winding road, Stairway to Heaven)

이 책을 읽는 많은 독자들의 목적은 사업개발에 대한 지식을 넓혀서 더 나은, 훌륭한 사업개발 전문가가 되는 것이라고 생각한다.

그래서 마지막으로 어떤 사람이 적합한 사업개발 매니저^{PDM:} Project Development Manager인가에 대한 필자의 개인적 견해를 아래와 같이 밝혀본다.

기능별 전문성

사업개발을 완성하기 위하여는 다양한 기능의 인력과 조직이 협력해야 한다. 예를 들어 사업기획, 기술, 마케팅, 시공, 운영, 금융, 법률 등이 있다. PDM이 되기 위해서는 위에 언급된 사업개발의 여러 기능 중 하나 이상에 대해 전문적인 역량을 갖고 나머지 기능에 대해서도 최소한의 필요한 전문성을 갖춰야 한다. 참고로 필자는 국제금융 전문가(?)로 프로젝트 파이낸스를 담당하며 해외사업개발에 참여하기 시작했다.

산업별 전문성

사업개발의 대상 산업분야는 매우 다양하다. 도로, 철도, 공항, 오일/가스, 발전, 환경, 수자원, 도시개발 등 여러 분야가 있다. PDM이 되기 위해서는 적어도 하나 이상의 산업에 대해 기술, 시장, 경쟁구도 등 심도 있는 전문지식을 갖춰야 그 분야를 중심으로 사업개발을 추진할 수 있다.

글로벌리티(Globality)

적합한 우리말을 찾지 못해 영어로 표현했다. 설명하자면 해외사업을 하기 위해 국제시장에서 맡은 역할을 잘 수행할 수 있는 자질을 의미한다. 글로벌리티란 단순히 외국어 실력을 의미하는 것이 아닌 다양한 문화와 제도에 대한 이해, 국제적인 비즈니스 매너 및 외국어 구사 능력 등을 기본으로 국제시장에서의 협상능력과 해외 파트너와의 원활한 협업을 할 수 있는 자질을 의미한다. 좀 더 욕심을 내면 국제 정치, 경제 등 시사에 밝고 세계 지리, 역사, 예술 등 인문학적 지식까지도 갖추는 것이 유리하다.

경험(Experience)

해외개발사업을 하다 보면 처음 만난 상대들끼리 서로의 실력을 파악하는, 다른 표현으로 서로의 합을 맞춰보는 절차가 있다. 이때 가장 흔히 듣는 질문이 '어떤 프로젝트를 해봤느냐', '몇 번의 성공을 해봤느냐' 하는 질문이다. 필자도 여러 번 들어본 질문이다.

디벨로퍼의 세계에서는 성공 경험이 가장 중요하다. 훌륭한 사업개발 매니저PDM가 되기 위해서는 여러 차례의 값진 실패도 중요하지만 한 번 이상의 성공 경험이 필수적이다. 한 번 사업발굴부터 금융종결까지 사업개발의 원 사이클One Cycle 성공 후 차곡차곡 추가적인 성공사례가 쌓이면 그 성공 경험을 중심으로 지역별, 산업별 사업개발 전문가로서 대우받을 수 있게 될 것이다.

융통성과 적응력(Flexibility & Adaptability)

사업개발을 추진하다 보면 처음 구상과 달리 외부환경의 변화와 사업주, 파트너들의 관계에서 예상치 못한 변수가 흔하게 발생한다. 상당수의 경우에는 더 이상 사업을 추진하기 어려운 딜 브레이커

Deal Breaker가 되기도 한다. 이러한 난관에 빠졌을 때 쉽게 좌절하지 않고 슬기롭게 대응할 수 있는 능력이 필요하다.

먼저 상황을 정확하게 파악하고 이를 해결할 수 있는 여러 대안들을 도출한 후 어떤 방향으로 갈 것인지 최종 선택을 하는 과정이다. 이를 잘 해결하기 위해서는 앞에서 언급했던 전문성, 글로벌리티, 경험 외에 사고의 유연성과 창의적인 아이디어를 만들어낼 수 있는 융통성 및 적응력이 필요한 것이다.

위에서 언급한 PDM의 다섯 가지의 자격 조건을 조금씩 갖춰가면 훌륭한 사업개발 전문가로서 성장할 수 있을 것이다. 그 과정에서 이 책이 조금이라도 도움이 되었으면 하는 것이 필자의 바람이다.

아크와 파워

아크와 파워는 2004년 설립된 사우디아라비아의 발전/담수 사업 투자전문회사이다. 설립 직후인 2006년부터 민자 발전/담수 사업IWPP: Independent Water & Power Producer을 시작하여 발전 및 신재생에너지 사업, 담수화 플랜트 개발 및 운영·투자사업을 영위하고 있다.

아크와 파워는 2002년 사우디 왕국 정부가 민간이 수도나 발전과 같은 유틸리티에 대한 소유 및 운영을 할 수 있도록 허용함에 따라 설립되었다. 아크와 파워는 초기 2004년부터 2011년까지는 주로 사우디아라비아 내의 사업에 집중했으며, 2011년에 요르단의 중앙전기발전회사CEGCO를 인수하고 터키의 키르칼레 복합화력 가스발전 프로젝트에 대한 공동개발을 시작으로 사우디 외 해외시장에 첫발을 내딛었다. 이후 유럽개발부흥은행EBRD의 재정적인 지원을 받으면서 본격적으로 글로벌사업을 확장하기 시작하여 현재 중동 및 북아프리카, 남아프리카 및 동남아시아 지역을 중심으로 사업을 추진하고 있다. 2020년 기준으로 전 세계 10개국에 33개 사업을 운영 중이다. 총발전용량은 25.4GW(자기지분용량 9.6GW) 수준이다. 최근에 아크와 파워는 향후 100억 달러를 10개국에 투자할 계획을 발표하였다.

아크와 파워는 입찰 시 시공사와 오픈 북으로 협상을 하는 등 바텀업 프라이싱Bottom Up Pricing 전략을 통해 경쟁력 있는 EPC 가격을 확보하는 데 주력하고 있으며, 사내 재무모델 전문가 육성을 통한 재무모델 최적화와 다양한 금융조달 방법을 활용하여 입찰 시 경쟁력 있는 조건을 제시하고 있다. 탁월한 재무적 자신감으로 시공 리스크가 큰 건설 기간에는 차입 없이 자기자본으로 사업을 진행한 후 건설 및 운영이 안정되면 최저금리로 리파이낸싱하여 수익률을 극대화하는 전략도 구사한다고 한다.

최근에는 지주회사명을 비전 인베스트Vision Invest로 개명하고 발전뿐 아니라 도시개발 등 새로운 투자개발사업으로의 진출도 모색하고 있다.

2020년 초부터 들이닥친 코로나는 전 세계의 거의 모든 사람들을 힘들게 했지만 우리처럼 오직 해외사업만을 전문으로 일하는 사람들에게는 공간적인 이동이 제한됨으로써 어려움이 더욱 가중되었다. 물론 화상회의 프로그램을 비롯한 IT 시스템이 발달했다고 하지만 해외사업 초기 개발과정의 현장실사, 사업주 대면설득 등의 꼭 필요한 절차들을 진행할 수가 없어서 사업을 본격적으로 추진하는데 어려움이 많았다.

그러던 가운데 작년 하반기부터 꽤 많은 노력을 들이고 있던 파라과이 프로젝트에 대해 출장을 가는 대신 화상으로 제안서를 만들어 제출을 하였는데 제안서를 검토한 파라과이 정부에서 좋은 반응을 보이며 만나서 구체적인 얘기를 하자고 해서 어려운 상황에도 불구하고 출장을 추진하게 되었다. 그쪽 정부에도 여러 부서가 각

기 다른 기능을 맡고 있어 입국 후 별도의 격리 기간이 없이 활동을 할 수 있는 허가를 받는 데 많은 시간과 노력이 필요했고 전 세계적으로 항공편이 원활하지 않아 비행기를 잡는 데도 시간이 많이 걸렸다. 우여곡절 끝에 출장을 잘 마치고 귀국하니 다시 2주간의 격리 생활을 해야 했다.

출장 전부터 가족들에게 어렵게 양해를 얻어 가족들이 비워준 집에서 2주간의 팔자에 없는 격리 생활을 시작했다. 임원 업무의 특성이라는 게 보고서를 직접 작성하고 자료를 찾아가며 혼자서 일에 집중하는 것보다는 보고를 받거나 회의 및 고객과의 면담을 통해 일을 추진하는 것이 주된 업무이기 때문에 아침에 보고서, 이메일 검토 후 간단한 전화회의를 마치면 혼자 활용할 수 있는 시간이 많이 생겼다. 출장 전부터 격리 기간에 갑자기 생긴 시간 여유를 활용하여 그간 미뤄두었던 '해외사업개발'에 대한 각종 자료 정리와 후배들이 활용할 수 있는 간단한 매뉴얼이라도 만들어보자는 생각을 하게 되었다.

격리 기간 중에 하루 최소 오전 두 시간, 오후 두 시간을 원고 정리를 위한 시간으로 할애하고 12일 만에 1차 작업을 완료할 수 있었다. 그렇게 완성된 것이 이번 책의 초고였다. 물론 이후에 매 주말 많은 수정과 재작성을 해야만 했지만 2주간의 격리 기간이 없었다면 쉽게 시작할 엄두를 내지 못했을 것이라는 생각에 작은 행운을 얻었다는 생각이 들기도 한다.

이번 책은 필자가 2013년 SK건설 해외사업개발실에 근무할 때부터 직원들의 '해외사업개발 업무'의 교재로 만든 것을 해마다 새로운 내용과 사례들을 모아서 수정 및 재작성했었던 것들과 KIND 입사 후 종전에는 잘 몰랐던 다른 부분이나 회사들의 자료를 추가하고 KIND에서 추진한 사업개발 내용을 포함해서 내부적으로 교육 교재로 쓰던 것들을 기초로 작성하였다. 처음에는 너무 딱딱한 교과서 스타일보다는 읽기에 편안한 사례 중심의 에세이 형식으로 쓸까 하는 생각도 있었으나 그러다 보면 너무 무용담이나 비하인드 스토리로 치우칠 가능성이 있어 에세이는 은퇴 후 쓰기로 하고 일단은 교과서에 가까우면서 사례를 자세하게 포함하는 내용으로 쓰기로 결심하였다.

전체적인 구성은 해외사업개발에 대한 개념, 주요 구성요소 등 개요를 제1장으로, 구체적인 추진 방법을 제2장, 사업개발의 필수 요소인 프로젝트 파이낸스를 제3장으로 하였다. 제4장에서는 지금까지 우리 기업들이 추진했던 해외사업개발 프로젝트들을 그 추진 주체별, 산업별로 정리해보고 그 과정에서 아쉬웠던 점과 향후 개선방법을 고민해보았다. 제5장에서는 우리 기업들의 해외사업개발을 위해 중요한 수단이 되어야 할 KIND에 대해 설명하고, 제6장에서는 의미 있는 열 개의 프로젝트를 선정하여 구체적인 사례분석을 포함시켰다.

진체적으로 우리 기업이 추진한 50개 정도의 해외 프로젝트에 대한 정보를 수집하고 분석하며 학습을 하였다. 그중에는 실패한 프로젝트도 열 개 정도 포함되어 있었으나 아직까지는 드러내놓고 분석하기가 부담스러워 최종 열 개의 사례연구에는 포함시키지 않았다. 열 개의 사례는 필자가 세 군데 회사를 거치면서 경험했던 일

곱 가지 프로젝트와 필자가 직접 경험하지 못했지만 학습적으로 의미가 있는 프로젝트 세 가지를 추가로 선별하여 구성하였다. 이 지면을 빌어 프로젝트 사례 작성 과정에서 많은 도움을 주셨던 현대엔지니어링 김창학 사장님, 대우건설 베트남법인장 조성진 전무님, 중부발전 김호빈 부사장님, 한양전공 양정일 대표이사님, SK건설 장우진 팀장님, 수자원공사 출신 KIND의 서택원 전략기획본부장님 및 수출입은행 김용몽 부장님께 감사의 말씀을 드린다.

해외개발사업에 대해 참고 및 비교할 만한 책이 없는 첫걸음이라 책의 심도와 완성도를 높이기보다는 가급적이면 쉽게 입문할 수 있도록 다양한 내용을 포함하기 위해 노력했다. 그러나 학자나 전문가가 아닌 실무경험자의 입장에서 쓴 책이라 독자들이 보시기에 부족한 점이 많을 것이라는 걱정도 크다. 탈고 후 부끄러운 시행착오를 느끼고 남은 근무기간 동안 더 많은 좋은 사례와 경험을 추가하여 개정증보판을 내고 싶은 생각도 있으나 언제쯤 가능할지는 잘 모르겠다.

마지막으로 책을 쓸 것인가 고민할 때 격려를 해주셨던 KIND 허경구 사장님, 친구 컬리넌홀딩스 소효근 대표님, 출판을 해주신 MID 최성훈 대표님과 황부현 본부장님, 옆에서 응원해준 가족에게 감사의 말씀을 드린다. 자료를 정리하고 도표, 사진 등의 작성을 도와준 KIND의 김소웅 실장, 서영민 대리, 함경민 대리 및 내 딸 임시현 양에게도 감사 말씀을 전한다.

[참 고 문 헌]

1. 인프라 평균의 시대는 끝났다 (이상호, 건설경제, 2018)

2. 메가트렌드 2019 (건설경제, 2018)

3. 메가트렌드 2020 (건설경제, 2019)

4. 수주 신화와 어닝 쇼크 (이상호, 라의눈, 2020)

5. 2020 지식나눔포럼 논문/사례집 (김형렬 외, 지식나눔포럼, 2020)

6. 2021 한국이 열광할 세계 트렌드 (KOTRA, 알키, 2020)

7. 디지털 뉴딜 (노규성, B & Comms, 2020)

8. 뉴노멀로 다가온 포스트 코로나 세상 (고환상 외, 지식플랫폼, 2020)

9. 포노 사피엔스 코드 Change 9 (최재붕, 쌤앤파커스, 2020)

10. 2020 국가별 PPP Guideline (KIND, 2020)

11. 해외 PPP사업 확대를 위한 금융모델 연구 (해외건설정책지원센터, 국토교통부, 2016)

12. 에너지 공기업 프로젝트 공동진출 활성화 워크샵 자료집 (플랜트산업협회, 2018)

13. 2018년 EDCF 전략 (수출입은행, 2018)

14. 글로벌 PPP 실패사례와 대응전략 (한국수출입은행, 2019)

15. 인프라공기업 공동 해외진출전략 (국토교통부, 2019)

16. 신남방국가 인프라진출 포럼 자료집 (건설경제신문, 2019)

17. 2020년 글로벌 플랜트시장 전망보고서 (플랜트산업협회, 2019)

사례로 본 해외사업개발의 성공과 실패

해외 사업 디벨로퍼의 세계

초판 1쇄 인쇄   2021년 1월 28일
초판 2쇄 인쇄   2021년 3월 31일

지 은 이   임한규
펴 낸 곳   비앤컴즈
펴 낸 이   최종현
기   획   최성훈
총   괄   황부현
편   집   김정연
디 자 인   김민정

주   소   서울특별시 마포구 신촌로 162, 1202호
전   화   (02) 704-3448
팩   스   (02) 6351-3448
이 메 일   b_comms@naver.com
등   록   제2011-000250호

I S B N   979-11-90116-36-7 03320

비앤컴즈는 (주)엠아이디미디어의 실용서 임프린트 출판사입니다.